Bucătăria Chinezească Autentică
Arome Magice din Orient

Li Wei

Cuprins

Creveți cu sos de litchi *10*
Creveți prăjiți cu mandarine *11*
Creveți cu Mangetout *12*
Creveți cu ciuperci chinezești *13*
Creveți și mazăre sotate *14*
Creveți cu chutney de mango *16*
Creveți Peking *18*
Creveți cu ardei *19*
Creveți soți cu carne de porc *19*
Creveți prăjiți cu sos de Sherry *21*
Creveți prăjiți cu susan *22*
Creveți soțiți în coajă *23*
Creveți prăjiți *24*
Tempura de creveți *25*
Gumă de mestecat *25*
Creveți cu tofu *27*
Creveți cu roșii *28*
Creveți cu sos de roșii *28*
Creveți cu sos de roșii și chile *29*
Creveți prăjiți cu sos de roșii *30*
Creveți cu Legume *32*
Creveți cu Castane de Apă *33*
Wonton de creveți *34*
Abalone cu pui *35*
Abalone cu sparanghel *36*
Abalone cu ciuperci *37*
Abalone cu sos de stridii *38*
scoici aburite *39*
Scoici cu muguri de fasole *40*
Scoici cu ghimbir si usturoi *41*
Scoici Sote *42*
Prajituri de crab *43*

Crema de crab 44
Carne de crab cu frunze chinezeşti 45
Foo Yung Crab cu muguri de fasole 46
Crab cu ghimbir 47
Crab Lo Mein 48
Crab prăjit cu carne de porc 50
Carne de crab prăjită 51
Biluţe de sepie prăjite 52
homar cantonez 53
Homar prajit 54
Homar la abur cu şuncă 55
Homar cu ciuperci 56
Cozi de homar cu carne de porc 57
Homar sotat 58
cuiburi de homar 59
Midiile in sos de fasole neagra 60
Midii cu Ghimbir 62
midii la abur 63
Stridii prăjite 64
Stridii cu Bacon 65
Stridii prăjite cu ghimbir 66
Stridii cu sos de fasole neagră 67
Scoici cu muguri de bambus 68
Scoici cu Ou 69
Scoici cu broccoli 70
Scoici cu ghimbir 72
Scoici cu şuncă 73
Încurcătură de scoici cu ierburi 74
Sote de scoici şi ceapă 75
Scoici cu Legume 76
Scoici cu ardei 77
Calamar cu muguri de fasole 78
Calamar prajit 80
Pachete cu calmar 81
Rulouri de calamar prajit 83
Calamari soti 84

Calamar cu ciuperci uscate 85
Calamar cu Legume 86
Carne de vită înăbușită cu anason 87
Carne de vită cu sparanghel 87
Carne de vită cu muguri de bambus 89
Carne de vită cu muguri de bambus și ciuperci 90
Carne de vită chinezească la fiert 91
Carne de vită cu muguri de fasole 91
Carne de vită cu broccoli 93
Carne de susan cu broccoli 94
Carne fripta 95
Carne de vită cantoneză 96
Carne de vită cu morcovi 97
Carne de vită cu caju 98
Caserolă cu carne de vită la fierbere lentă 99
Carne de vită cu conopidă 100
Carne de vită cu țelină 101
Felii de vita prajite cu telina 102
Carne de vită mărunțită cu pui și țelină 103
Carne de vită cu Chile 104
Carne de vită cu varză chinezească 106
Carne de vită Chop Suey 107
Carne de vită cu castraveți 108
Chow Mein de vită 109
file de castravete 111
Curry de vita la cuptor 112
Pui prajit simplu 114
Pui în sos de roșii 116
Pui cu rosii 116
Pui poșat cu roșii 117
Pui și roșii cu sos de fasole neagră 118
Pui gătit rapid cu legume 119
Pui cu nuci 120
Pui cu nuci 121
Pui cu castane de apa 122
Pui sarat cu castane de apa 123

wonton de pui *125*
Aripioare de pui crocante *126*
Aripioare de pui cu cinci condimente *127*
Aripioare de pui marinate *128*
Aripioare de pui adevărate *130*
Aripioare de pui cu condimente *132*
pulpe de pui la gratar *133*
Pulpe de pui Hoisin *134*
Pui înăbușit *135*
Pui prajit crocant *136*
Pui întreg prăjit *138*
Pui cu cinci condimente *139*
Pui cu ghimbir si arpagic *140*
pui poșat *141*
Pui gătit roșu *142*
Pui cu condimente gătit în roșu *143*
Pui fript cu susan *144*
Pui în sos de soia *145*
pui la aburi *146*
Pui la abur cu anason *147*
Pui cu gust ciudat *148*
Bucăți crocante de pui *149*
Pui cu fasole verde *150*
Pui fiert cu ananas *151*
Pui cu ardei si rosii *152*
Pui cu susan *153*
pușini prăjiți *154*
Turcia cu Mangetout *155*
Curcan cu ardei *157*
friptură de curcan chinezesc *159*
Curcan cu nuci si ciuperci *160*
Rață cu muguri de bambus *161*
Rață cu muguri de fasole *162*
Rață înăbușită *163*
Rață la abur cu țelină *164*
Rață cu ghimbir *165*

Rață cu fasole verde 167
Rață prăjită la abur 169
Rață cu fructe exotice 170
Rață înăbușită cu frunze chinezești 172
rață beată 173
Rață cu cinci condimente 174
Rață sotă cu ghimbir 175
Rață cu șuncă și praz 176
Rață prăjită cu miere 177
Rață friptă umedă 178
Rață sotă cu ciuperci 179
Rață cu două ciuperci 181
Rață înăbușită cu ceapă 182
Rață cu Portocală 184
Rață prăjită cu portocale 185
Rață cu Pere și Castane 186
Rață la Peking 187
Rață înăbușită cu ananas 190
Rață sotă cu ananas 191
Ananas și rață ghimbir 193
Rață cu ananas și litchi 194
Rață cu Porc și Castane 195
Rață cu cartofi 196
Rață gătită roșie 198
Rață prăjită cu vin de orez 199
Rață la abur cu vin de orez 200
Rață sărată 201
Rață sărată cu fasole verde 202
Rață fiartă lent 204
Rață sote 206
Rață cu cartofi dulci 207
rață dulce-acrișoară 209
rață mandarină 211
Rață cu Legume 211
Rață sotă cu legume 213
Rață albă gătită 215

Rață cu vin 216

Creveți cu sos de litchi

Pentru 4 persoane

50 g / 2 oz / ¬Ω o singură cană (universal)
făină

2,5 ml / ¬Ω linguriță sare

1 ou, batut usor

30 ml / 2 linguri apă

450 g / 1 kilogram de creveți decojiți

ulei pentru prajit

30 ml / 2 linguri ulei de arahide

2 felii de rădăcină de ghimbir, tocate

30 ml / 2 linguri otet de vin

5 ml/1 lingurita zahar

2,5 ml / ¬Ω linguriță sare

15 ml/1 lingura sos de soia

200g/7oz conserva de litchi, scurse

Bateți făina, sarea, oul și apa pentru a face un aluat, adăugând puțină apă dacă este necesar. Amestecați cu creveții până sunt bine acoperiți. Se incinge uleiul si se prajesc crevetii cateva minute pana devin crocante si aurii. Se scurge pe hartie de bucatarie si se aseaza pe un platou cald de servire. Între timp, încălziți uleiul și prăjiți ghimbirul timp de 1 minut. Se adauga otetul de vin, zaharul, sarea si sosul de soia. Adăugați litchiul și amestecați până când sunt fierbinți și acoperiți cu sos. Se toarnă peste creveți și se servește deodată.

Creveți prăjiți cu mandarine

Pentru 4 persoane

60 ml / 4 linguri ulei de arahide

1 cățel de usturoi zdrobit

1 felie radacina de ghimbir, tocata

450 g / 1 kilogram de creveți decojiți

30 ml / 2 linguri vin de orez sau sherry uscat 30 ml / 2 linguri sos de soia

15 ml / 1 lingură făină de porumb (amidon de porumb)

45 ml / 3 linguri de apă

Încinge uleiul și prăjește usturoiul și ghimbirul până devin ușor aurii. Adăugați creveții și prăjiți timp de 1 minut. Adăugați vinul sau sherry și amestecați bine. Se adauga sosul de soia, amidonul de porumb si apa si se calesc timp de 2 minute.

Creveți cu Mangetout

Pentru 4 persoane

5 ciuperci chinezești uscate

225 g/8 oz muguri de fasole

60 ml / 4 linguri ulei de arahide

5 ml/1 lingurita sare

2 tulpini de telina, tocate

4 ceai (cei), tocate

2 catei de usturoi, macinati

2 felii de rădăcină de ghimbir, tocate

60 ml / 4 linguri de apă

15 ml/1 lingura sos de soia

15 ml / 1 lingura vin de orez sau sherry uscat

225 g / 8 oz mazăre de zăpadă

225g/8oz creveți curățați

15 ml / 1 lingură făină de porumb (amidon de porumb)

Înmuiați ciupercile în apă caldă timp de 30 de minute și apoi scurgeți-le. Aruncați tulpinile și tăiați vârfurile. Albește mugurii de fasole în apă clocotită timp de 5 minute și se scurge bine. Se încălzește jumătate din ulei și se prăjește sarea, țelina, ceapa primăvară și mugurii de fasole timp de 1 minut apoi se scot din tigaie. Se încălzește uleiul rămas și se prăjește usturoiul și ghimbirul până devin ușor aurii. Adăugați jumătate din apă, sosul de soia, vinul sau sherry, mazărea și creveții, aduceți la fiert și fierbeți timp de 3 minute. Se amestecă făina de porumb și apa rămasă într-o pastă, se amestecă în tigaie și se fierbe la foc mic, amestecând, până când sosul se îngroașă. Întoarceți legumele în tigaie, fierbeți până se încălzesc. Serviți deodată.

Creveți cu ciuperci chinezești

Pentru 4 persoane

8 ciuperci chinezești uscate
45 ml / 3 linguri ulei de arahide (arahide).
3 felii de rădăcină de ghimbir, tocate
450 g / 1 kilogram de creveți decojiți
15 ml/1 lingura sos de soia
5 ml/1 lingurita sare
60 ml / 4 linguri bulion de peste

Înmuiați ciupercile în apă caldă timp de 30 de minute și apoi scurgeți-le. Aruncați tulpinile și tăiați vârfurile. Se încălzește jumătate din ulei și se prăjește ghimbirul până devine ușor auriu. Adaugati crevetii, sosul de soia si sare si sotiti pana se imbraca in ulei apoi scoateti din tigaie. Se încălzește uleiul rămas și se prăjesc ciupercile până sunt acoperite cu ulei. Adăugați bulionul, aduceți la fierbere, acoperiți și fierbeți timp de 3 minute.
Întoarceți creveții în tigaie și amestecați până se încălzesc.

Creveți și mazăre sotate

Pentru 4 persoane

450 g / 1 kilogram de creveți decojiți
5 ml/1 lingurita ulei de susan
5 ml/1 lingurita sare
30 ml / 2 linguri ulei de arahide
1 cățel de usturoi zdrobit
1 felie radacina de ghimbir, tocata
225g/8oz mazăre albă sau congelată, dezghețată
4 ceai (cei), tocate
30 ml / 2 linguri apă

sare si piper

Amestecați creveții cu uleiul de susan și sarea. Încinge uleiul și prăjește usturoiul și ghimbirul timp de 1 minut. Adăugați creveții și prăjiți timp de 2 minute. Se adauga mazarea si se caleste 1 minut. Adaugati ceapa si apa si asezonati cu sare si piper si putin ulei de susan, daca doriti. Se încălzește, amestecând cu grijă, înainte de servire.

Creveți cu chutney de mango

Pentru 4 persoane

12 creveți

sare si piper

suc de 1 lămâie

30 ml / 2 linguri faina de porumb (amidon de porumb)

1 mâner

5 ml / 1 linguriță pudră de muștar

5 ml/1 lingurita miere

30 ml / 2 linguri crema de cocos

30 ml / 2 linguri pudră de curry blândă

120 ml / 4 fl oz / ¬Ω cană bulion de pui

45 ml / 3 linguri ulei de arahide (arahide).

2 catei de usturoi, tocati

2 ceai (cei), tocate

1 bulb de fenicul, tocat

100 g/4 oz chutney de mango

Curățați creveții, lăsând cozile intacte. Stropiți cu sare, piper și suc de lămâie și apoi acoperiți cu jumătate din mălai. Curata mango de coaja, tai pulpa din piatra si apoi tai pulpa cubulete. Se amestecă muștarul, mierea, crema de cocos, praful de curry, restul de amidon de porumb și bulionul. Se incinge jumatate din ulei si se calesc usturoiul, ceapa primavara si feniculul timp de 2 minute. Adăugați amestecul de bulion, aduceți la fierbere și fierbeți timp de 1 minut. Adăugați cuburile de mango și chutney și încălziți ușor, apoi transferați pe o farfurie caldă de servire. Încinge uleiul rămas și prăjește creveții timp de 2 minute. Aranjați-le deasupra legumelor și serviți-le deodată.

Creveți Peking

Pentru 4 persoane

30 ml / 2 linguri ulei de arahide

2 catei de usturoi, macinati

1 felie radacina de ghimbir, tocata marunt

225g/8oz creveți curățați

4 ceai (cei), feliați gros

120 ml / 4 fl oz / ¬Ω cană bulion de pui

5 ml/1 lingurita zahar brun

5 ml/1 lingurita sos de soia

5 ml/1 lingurita sos hoisin

5 ml/1 lingurita sos Tabasco

Se încălzește uleiul cu usturoiul și ghimbirul și se prăjește până când usturoiul devine ușor auriu. Adăugați creveții și prăjiți timp de 1 minut. Adaugati ceapa si caliti 1 minut. Adăugați ingredientele rămase, aduceți la fierbere, acoperiți și fierbeți timp de 4 minute, amestecând din când în când. Verificați condimentele și adăugați puțin mai mult sos Tabasco, dacă preferați.

Creveți cu ardei

Pentru 4 persoane

30 ml / 2 linguri ulei de arahide
1 ardei verde taiat bucati
450 g / 1 kilogram de creveți decojiți
10 ml / 2 lingurițe de făină de porumb (amidon de porumb)
60 ml / 4 linguri de apă
5 ml / 1 linguriță vin de orez sau sherry uscat
2,5 ml / ¬Ω linguriță sare
45 ml / 2 linguri piure de rosii (pasta)

Se încălzește uleiul și se prăjește ardeiul timp de 2 minute. Adăugați creveții și piureul de roșii și amestecați bine. Amestecați apa din făină de porumb, vinul sau sherry și sarea până la o pastă, amestecați-o în tigaie și gătiți la foc mic, amestecând, până când sosul se limpezește și se îngroașă.

Creveți soți cu carne de porc

Pentru 4 persoane

225g/8oz creveți curățați

100 g/4 oz carne de porc slabă, mărunțită
60 ml / 4 linguri vin de orez sau sherry uscat
1 albus de ou
45 ml / 3 linguri faina de porumb (amidon de porumb)
5 ml/1 lingurita sare
15 ml / 1 lingura apa (optional)
90 ml / 6 linguri ulei de arahide
45 ml / 3 linguri bulion de peste
5 ml/1 lingurita ulei de susan

Puneți creveții și carnea de porc pe farfurii separate. Amestecați 45 ml/3 linguri de vin sau sherry, albuș de ou, 30 ml/2 linguri de făină de porumb și sare pentru a obține un aluat liber, adăugând apă dacă este necesar. Împărțiți amestecul între carnea de porc și creveți și amestecați bine pentru a se acoperi uniform. Se încălzește uleiul și se prăjește carnea de porc și creveții pentru câteva minute până se rumenesc. Scoateți din tigaie și turnați uleiul, cu excepția 15 ml/1 lingură. Adăugați bulion în tigaie cu vinul rămas sau sherry și făina de porumb. Se aduce la fierbere și se fierbe, amestecând, până când sosul se îngroașă. Se toarna peste creveti si carnea de porc si se serveste stropite cu ulei de susan.

Creveți prăjiți cu sos de Sherry

Pentru 4 persoane

50 g / 2 oz / ¬Ω cană făină simplă (universal)

2,5 ml / ¬Ω linguriță sare

1 ou, batut usor

30 ml / 2 linguri apă

450 g / 1 kilogram de creveți decojiți

ulei pentru prajit

15 ml / 1 lingura ulei de arahide

1 ceapa tocata marunt

45 ml / 3 linguri vin de orez sau sherry uscat

15 ml/1 lingura sos de soia

120 ml / 4 fl oz / ¬Ω cană bulion de pește

10 ml / 2 lingurițe de făină de porumb (amidon de porumb)

30 ml / 2 linguri apă

Bateți făina, sarea, oul și apa pentru a face un aluat, adăugând puțină apă dacă este necesar. Amestecați cu creveții până sunt bine acoperiți. Se incinge uleiul si se prajesc crevetii cateva minute pana devin crocante si aurii. Se scurge pe hartie de bucatarie si se aseaza pe un platou cald de servire. Între timp, încălziți uleiul și căliți ceapa până se înmoaie. Adăugați vinul sau sherry, sosul de soia şi bulionul, aduceţi la fiert şi fierbeţi timp de 4 minute. Se amestecă făina de porumb şi apa într-o pastă, se amestecă în tigaie şi se fierbe la foc mic, amestecând, până când sosul se limpezeşte şi se îngroaşă. Se toarnă sosul peste creveţi şi se serveşte.

Creveţi prăjiţi cu susan

Pentru 4 persoane

450 g / 1 kilogram de creveţi decojiţi
¬Ω albuş de ou
5 ml/1 lingurita sos de soia
5 ml/1 lingurita ulei de susan
50 g / 2 oz / ¬Ω cană de făină de porumb (amidon de porumb)
sare si piper alb proaspat macinat
ulei pentru prajit
60 ml / 4 linguri seminte de susan
Frunze de salata verde

Amestecaţi creveţii cu albuşul, sosul de soia, uleiul de susan, amidonul de porumb, sare şi piper. Adăugaţi puţină apă dacă amestecul este prea gros. Se incinge uleiul si se prajesc crevetii cateva minute pana devin usor aurii. Între timp, prăjiți semințele de susan pentru scurt timp într-o tigaie uscată până se rumenesc. Scurgeți creveții și amestecați cu semințele de susan. Se serveste pe un pat de salata verde.

Creveți soțiți în coajă

Pentru 4 persoane

60 ml / 4 linguri ulei de arahide

750 g / 1¬Ω lb creveți fără coajă

3 ceai (cei), tocate

3 felii de rădăcină de ghimbir, tocate

2,5 ml / ¬Ω linguriță sare

15 ml / 1 lingura vin de orez sau sherry uscat

120 ml / 4 fl oz / ¬Ω cană sos de roșii (ketchup)

15 ml/1 lingura sos de soia

15 ml/1 lingura zahar

15 ml / 1 lingură făină de porumb (amidon de porumb)

60 ml / 4 linguri de apă

Se incinge uleiul si se prajesc crevetii timp de 1 minut daca sunt fierti sau pana devin roz daca sunt cruzi. Adaugati ceapa, ghimbirul, sarea si vinul sau sherry si sotiti timp de 1 minut. Adăugaţi sosul de roşii, sosul de soia şi zahărul şi puneţi la sot timp de 1 minut. Se amestecă făina de porumb şi apa, se amestecă în tigaie şi se fierbe la foc mic, amestecând, până când sosul se limpezeşte şi se îngroaşă.

Creveţi prăjiţi

Pentru 4 persoane

75 g / 3 oz / ¬° cană grămadă făină de porumb (amidon de porumb)

1 albus de ou

5 ml / 1 linguriţă vin de orez sau sherry uscat

sare

350 g/12 oz creveţi decojiţi

ulei pentru prajit

Se amestecă făina de porumb, albuşul de ou, vinul sau sherry şi un praf de sare pentru a obţine un aluat gros. Înmuiaţi creveţii în aluat până când sunt bine acoperiţi. Se încălzeşte uleiul până când este moderat şi se prăjesc creveţii câteva minute până se rumenesc. Scoateți din ulei, încălziți până se încinge și prăjiți din nou creveții până devin crocanți și aurii.

Tempura de creveți

Pentru 4 persoane

450 g / 1 kilogram de creveți decojiți
30 ml / 2 linguri făină simplă (universal)
30 ml / 2 linguri faina de porumb (amidon de porumb)
30 ml / 2 linguri apă
2 oua batute
ulei pentru prajit

Tăiați creveții la jumătatea curbei interioare și întindeți-i pentru a forma un fluture. Se amestecă făina, amidonul de porumb și apa până se formează un aluat, apoi se adaugă ouăle. Încinge uleiul și prăjește creveții până se rumenesc.

Gumă de mestecat

Pentru 4 persoane

30 ml / 2 linguri ulei de arahide
2 ceai (cei), tocate

1 cățel de usturoi zdrobit

1 felie radacina de ghimbir, tocata

100 g/4 oz piept de pui, tăiat fâșii

100 g/4 oz șuncă, tăiată fâșii

100 g/4 oz muguri de bambus, tăiați în fâșii

100g/4oz castane de apă, tăiate fâșii

225g/8oz creveți curățați

30 ml / 2 linguri sos de soia

30 ml / 2 linguri vin de orez sau sherry uscat

5 ml/1 lingurita sare

5 ml/1 lingurita zahar

5 ml / 1 lingurita faina de porumb (amidon de porumb)

Se incinge uleiul si se calesc ceapa, usturoiul si ghimbirul pana devin usor aurii. Se adauga puiul si se caleste 1 minut. Adăugați șunca, lăstarii de bambus și castanele de apă și prăjiți timp de 3 minute. Adăugați creveții și prăjiți timp de 1 minut. Adăugați sosul de soia, vinul sau sherry, sarea și zahărul și lăsați-l la fiert timp de 2 minute. Se amestecă făina de porumb cu puțină apă, se amestecă în tigaie și se fierbe la foc mic, amestecând timp de 2 minute.

Creveți cu tofu

Pentru 4 persoane

45 ml / 3 linguri ulei de arahide (arahide).

225 g/8 oz tofu, tăiat cubulețe

1 ceapă de primăvară (ceapă), tocată

1 cățel de usturoi zdrobit

15 ml/1 lingura sos de soia

5 ml/1 lingurita zahar

90 ml / 6 linguri bulion de peste

225g/8oz creveți curățați

15 ml / 1 lingură făină de porumb (amidon de porumb)

45 ml / 3 linguri de apă

Se încălzește jumătate din ulei și se prăjește tofu până devine ușor auriu, apoi se scoate din tigaie. Încinge uleiul rămas și căliți ceapa primăvară și usturoiul până devin ușor aurii. Adăugați sosul de soia, zahărul și bulionul și aduceți la fiert. Adăugați creveții și amestecați la foc mic timp de 3 minute. Se amestecă făina de porumb și apa într-o pastă, se amestecă în tigaie și se fierbe la foc mic, amestecând, până când sosul se îngroașă. Întoarceți tofu în tigaie și fierbeți până se încălzește.

Creveți cu roșii

Pentru 4 persoane

2 albusuri

30 ml / 2 linguri faina de porumb (amidon de porumb)

5 ml/1 lingurita sare

450 g / 1 kilogram de creveți decojiți

ulei pentru prajit

30 ml / 2 linguri vin de orez sau sherry uscat

225g/8oz roșii, decojite, fără semințe și tocate

Se amestecă albușurile, amidonul de porumb și sarea. Adăugați creveții până când sunt bine acoperiți. Se incinge uleiul si se prajesc crevetii pana sunt fierti. Se toarnă tot, cu excepția 15 ml/1 lingură de ulei și se reîncălzi. Adăugați vinul sau sherry și roșiile și aduceți la fiert. Adăugați creveții și încălziți repede înainte de servire.

Creveți cu sos de roșii

Pentru 4 persoane

30 ml / 2 linguri ulei de arahide

1 cățel de usturoi zdrobit

2 felii de rădăcină de ghimbir, tocate
2,5 ml / ¬Ω linguriță sare
15 ml / 1 lingura vin de orez sau sherry uscat
15 ml/1 lingura sos de soia
6 ml / 4 linguri sos de rosii (ketchup)
120 ml / 4 fl oz / ¬Ω cană bulion de pește
350 g/12 oz creveți decojiți
10 ml / 2 lingurițe de făină de porumb (amidon de porumb)
30 ml / 2 linguri apă

Încinge uleiul și călește usturoiul, ghimbirul și sarea timp de 2 minute. Adăugați vinul sau sherry, sosul de soia, sosul de roșii și bulionul și aduceți la fiert. Adăugați creveții, acoperiți și fierbeți timp de 2 minute. Se amestecă făina de porumb și apa într-o pastă, se amestecă în tigaie și se fierbe la foc mic, amestecând, până când sosul se limpezește și se îngroașă.

Creveți cu sos de roșii și chile

Pentru 4 persoane
60 ml / 4 linguri ulei de arahide
15 ml / 1 lingura ghimbir tocat

15 ml/1 lingura de usturoi tocat

15 ml / 1 lingura arpagic tocat

60 ml / 4 linguri piure de rosii (pasta)

15 ml/1 lingura sos chili

450 g / 1 kilogram de creveți decojiți

15 ml / 1 lingură făină de porumb (amidon de porumb)

15 ml / 1 lingură apă

Încinge uleiul și căliți ghimbirul, usturoiul și ceapa primăvară timp de 1 minut. Adăugați piureul de roșii și sosul chili și amestecați bine. Adăugați creveții și prăjiți timp de 2 minute. Se amestecă făina de porumb și apa într-o pastă, se amestecă în tigaie și se fierbe la foc mic până se îngroașă sosul. Serviți deodată.

Creveți prăjiți cu sos de roșii

Pentru 4 persoane

50 g / 2 oz / ¬Ω cană făină simplă (universal)

2,5 ml / ¬Ω linguriță sare

1 ou, batut usor

30 ml / 2 linguri apă

450 g / 1 kilogram de creveți decojiți

ulei pentru prajit

30 ml / 2 linguri ulei de arahide

1 ceapa tocata marunt

2 felii de rădăcină de ghimbir, tocate

75 ml / 5 linguri sos de rosii (ketchup)

10 ml / 2 lingurițe de făină de porumb (amidon de porumb)

30 ml / 2 linguri apă

Bateți făina, sarea, oul și apa pentru a face un aluat, adăugând puțină apă dacă este necesar. Amestecați cu creveții până sunt bine acoperiți. Se incinge uleiul si se prajesc crevetii cateva minute pana devin crocante si aurii. Scurgeți pe prosoape de hârtie.

Între timp, încălziți uleiul și căliți ceapa și ghimbirul până se înmoaie. Adăugați sosul de roșii și fierbeți timp de 3 minute. Se amestecă făina de porumb și apa într-o pastă, se amestecă în tigaie și se fierbe la foc mic, amestecând, până când sosul se îngroașă. Adăugați creveții în tigaie și fierbeți până se încălzesc. Serviți deodată.

Creveți cu Legume

Pentru 4 persoane

15 ml / 1 lingura ulei de arahide
225 g/8 oz buchete de broccoli
225g/8oz ciuperci
225g/8oz muguri de bambus, feliați
450 g / 1 kilogram de creveți decojiți
120 ml / 4 fl oz / ½ cană bulion de pui
5 ml / 1 lingurita faina de porumb (amidon de porumb)
5 ml/1 lingurita sos de stridii
2,5 ml / ½ lingurita zahar
2,5 ml / ½ linguriță rădăcină de ghimbir rasă
praf de piper proaspat macinat

Încinge uleiul și prăjește broccoli timp de 1 minut. Adăugați ciupercile și lăstarii de bambus și căliți timp de 2 minute. Adăugați creveții și prăjiți timp de 2 minute. Se amestecă ingredientele rămase și se amestecă în amestecul de creveți. Se aduce la fierbere, amestecând, apoi se fierbe timp de 1 minut, amestecând continuu.

Creveți cu Castane de Apă

Pentru 4 persoane

60 ml / 4 linguri ulei de arahide
1 catel de usturoi, tocat
1 felie radacina de ghimbir, tocata
450 g / 1 kilogram de creveți decojiți
30 ml / 2 linguri vin de orez sau sherry uscat 225 g / 8 oz castane de apă, feliate
30 ml / 2 linguri sos de soia
15 ml / 1 lingură făină de porumb (amidon de porumb)
45 ml / 3 linguri de apă

Încinge uleiul și prăjește usturoiul și ghimbirul până devin ușor aurii. Adăugați creveții și prăjiți timp de 1 minut. Adăugați vinul sau sherry și amestecați bine. Adăugați castanele de apă și căliți timp de 5 minute. Se adauga restul ingredientelor si se calesc 2 minute.

Wonton de creveți

Pentru 4 persoane

450g/1lb creveți decojiți, tăiați
225g/8oz amestec de legume, tocate
15 ml/1 lingura sos de soia
2,5 ml / ¬Ω linguriță sare
câteva picături de ulei de susan
40 de piei wonton
ulei pentru prajit

Amestecați creveții, legumele, sosul de soia, sarea și uleiul de susan.

Pentru a plia wonton-urile, țineți pielea în palma mâinii stângi și puneți niște umplutură în centru. Umeziți marginile cu ou și pliați coaja într-un triunghi, sigilând marginile. Umeziți colțurile cu ou și răsuciți.

Se încălzește uleiul și se prăjesc wontonurile câte puțin până se rumenesc. Scurgeți bine înainte de servire.

Abalone cu pui

Pentru 4 persoane

400 g/14 oz abalone conservat

30 ml / 2 linguri ulei de arahide

100g/4oz piept de pui, taiat cubulete

100g/4oz muguri de bambus, feliați

250 ml / 8 fl oz / 1 cană bulion de pește

15 ml / 1 lingura vin de orez sau sherry uscat

5 ml/1 lingurita zahar

2,5 ml / ¬Ω linguriță sare

15 ml / 1 lingură făină de porumb (amidon de porumb)

45 ml / 3 linguri de apă

Scurgeți și feliați abalonul, rezervând sucul. Se încălzește uleiul și se prăjește puiul până devine deschis la culoare. Adăugați abalone și lăstarii de bambus și căleți timp de 1 minut. Adăugați lichidul de abalone, bulionul, vinul sau sherry, zahărul și sarea, aduceți la fiert și fierbeți timp de 2 minute. Se amestecă făina de porumb și apa într-o pastă și se fierbe la foc mic, amestecând, până când sosul se limpezește și se îngroașă. Serviți deodată.

Abalone cu sparanghel

Pentru 4 persoane

10 ciuperci chinezești uscate
30 ml / 2 linguri ulei de arahide
15 ml / 1 lingură apă
225 g/8 oz sparanghel
2,5 ml / ½ lingurita sos de peste
15 ml / 1 lingură făină de porumb (amidon de porumb)
225g/8oz conserva de abalone, feliat
60 ml / 4 linguri bulion
½ morcov mic, feliat
5 ml/1 lingurita sos de soia
5 ml/1 lingurita sos de stridii
5 ml / 1 linguriță vin de orez sau sherry uscat

Înmuiați ciupercile în apă caldă timp de 30 de minute și apoi scurgeți-le. Aruncați tulpinile. Încinge 15 ml/1 lingură de ulei cu apă și prăjește ciupercile timp de 10 minute. Între timp, gătiți sparanghelul în apă clocotită cu sosul de pește și 5 ml/1 linguriță de porumb până se înmoaie. Se scurge bine si se aseaza pe un platou de servire incalzit cu ciupercile. Păstrați-le calde. Se încălzește uleiul rămas și se prăjește abalonul pentru câteva secunde, apoi se adaugă bulionul, morcovul, sosul de soia, sosul de stridii, vinul sau sherry și restul de amidon de porumb. Gatiti aproximativ 5 minute pana se fierbe, apoi turnati peste sparanghel si serviti.

Abalone cu ciuperci

Pentru 4 persoane

6 ciuperci chinezești uscate

400 g/14 oz abalone conservat

45 ml / 3 linguri ulei de arahide (arahide).

2,5 ml / ¬Ω linguriță sare

15 ml / 1 lingura vin de orez sau sherry uscat

3 ceai (cei), feliați gros

Înmuiați ciupercile în apă caldă timp de 30 de minute și apoi scurgeți-le. Aruncați tulpinile și tăiați vârfurile. Scurgeți și feliați abalonul, rezervând sucul. Încinge uleiul și prăjește sarea și ciupercile timp de 2 minute. Adăugați lichidul de abalone și sherry, aduceți la fierbere, acoperiți și fierbeți timp de 3 minute. Adăugați abalone și ceai și fierbeți până când se încălzesc. Serviți deodată.

Abalone cu sos de stridii

Pentru 4 persoane

400 g/14 oz abalone conservat

15 ml / 1 lingură făină de porumb (amidon de porumb)

15 ml/1 lingura sos de soia

45 ml / 3 linguri sos de stridii

30 ml / 2 linguri ulei de arahide

50g/2oz sunca afumata, tocata

Scurgeți conserva de abalone și rezervați 90 ml/6 linguri de lichid. Se amestecă cu făina de porumb, sosul de soia și sosul de stridii. Se încălzește uleiul și se prăjește abalonul scurs timp de 1 minut. Adăugați amestecul de sos și fierbeți, amestecând, timp de aproximativ 1 minut până se încălzește. Transferați pe o farfurie caldă de servire și serviți ornat cu prosciutto.

scoici aburite

Pentru 4 persoane

24 scoici

Spălați bine scoicile și apoi puneți-le la înmuiat în apă cu sare timp de câteva ore. Clătiți sub jet de apă și puneți într-un vas rezistent la cuptor. Puneți pe un grătar într-un cuptor cu abur, acoperiți și fierbeți peste apă clocotită aproximativ 10 minute până când toate scoicile s-au deschis. Aruncați tot ce rămâne închis. Serviți cu sosuri.

Scoici cu muguri de fasole

Pentru 4 persoane

24 scoici

15 ml / 1 lingura ulei de arahide

150 g/5 oz muguri de fasole

1 ardei verde taiat fasii

2 ceai (cei), tocate

15 ml / 1 lingura vin de orez sau sherry uscat

sare si piper proaspat macinat

2,5 ml / ¬Ω linguriță ulei de susan

50g/2oz sunca afumata, tocata

Spălați bine scoicile și apoi puneți-le la înmuiat în apă cu sare timp de câteva ore. Clătiți sub jet de apă. Aduceți o cratiță cu apă la fiert, adăugați scoici și fierbeți câteva minute până se deschid. Scurgeți și aruncați orice care rămâne închis. Îndepărtați scoici din coji.

Încinge uleiul și prăjește mugurii de fasole timp de 1 minut. Se adauga ardeiul si arpagicul si se calesc 2 minute. Adăugați vinul sau sherry și asezonați cu sare și piper. Se încălzește apoi se adaugă scoici și se amestecă până se amestecă bine și se încălzește. Transferați pe o farfurie caldă de servire și serviți stropite cu ulei de susan și șuncă.

Scoici cu ghimbir si usturoi

Pentru 4 persoane

24 scoici

15 ml / 1 lingura ulei de arahide

2 felii de rădăcină de ghimbir, tocate

2 catei de usturoi, macinati

15 ml / 1 lingură apă

5 ml/1 lingurita ulei de susan

sare si piper proaspat macinat

Spălați bine scoicile și apoi puneți-le la înmuiat în apă cu sare timp de câteva ore. Clătiți sub jet de apă. Încinge uleiul și prăjește ghimbirul și usturoiul timp de 30 de secunde. Adăugați scoici, apa și ulei de susan, acoperiți și gătiți aproximativ 5 minute până când scoicile se deschid. Aruncați tot ce rămâne închis. Se condimentează uşor cu sare şi piper şi se serveşte imediat.

Scoici Sote

Pentru 4 persoane

24 scoici

60 ml / 4 linguri ulei de arahide

4 catei de usturoi, tocati

1 ceapa tocata

2,5 ml / ¬Ω linguriţă sare

Spălaţi bine scoicile şi apoi puneţi-le la înmuiat în apă cu sare timp de câteva ore. Clătiţi sub jet de apă şi apoi uscaţi. Se incinge uleiul si se calesc usturoiul, ceapa si sarea pana se inmoaie. Adăugaţi scoici, acoperiţi şi fierbeţi timp de aproximativ 5 minute până când toate cojile s-au deschis. Aruncaţi tot ce rămâne închis. Se prăjeşte uşor încă 1 minut, stropind cu ulei.

Prajituri de crab

Pentru 4 persoane

225 g/8 oz muguri de fasole
60 ml / 4 linguri ulei de arahide (arahide) 100 g / 4 oz muguri de bambus, tăiați în fâșii
1 ceapa tocata
225 g/8 oz carne de crab, fulgi
4 oua, batute usor
15 ml / 1 lingură făină de porumb (amidon de porumb)
30 ml / 2 linguri sos de soia
sare si piper proaspat macinat

Se albesc mugurii de fasole în apă clocotită timp de 4 minute și apoi se scurg. Se încălzește jumătate din ulei și se prăjesc mugurii de fasole, lăstarii de bambus și ceapa până se înmoaie. Se ia de pe foc si se amesteca cu restul ingredientelor, cu exceptia uleiului. Încălziți uleiul rămas într-o tigaie curată și prăjiți linguri de amestec de carne de crab pentru a face prăjituri mici. Se prăjește pănă se rumenește ușor pe ambele părți și apoi se servește deodată.

Crema de crab

Pentru 4 persoane

225 g/8 oz carne de crab
5 oua batute
1 arpagic (cepa) tocat marunt
250 ml / 8 fl oz / 1 cană apă
5 ml/1 lingurita sare
5 ml/1 lingurita ulei de susan

Se amestecă bine toate ingredientele. Se pune intr-un castron, se acopera si se pune deasupra boilerului peste apa fierbinte sau pe un suport pentru aburi. Se fierbe la abur aproximativ 35 de minute până la consistența cremei, amestecând din când în când. Serviți cu orez.

Carne de crab cu frunze chinezeşti

Pentru 4 persoane

450 g / 1 lb frunze chinezeşti, răzuite

45 ml / 3 linguri ulei vegetal

2 ceai (cei), tocate

225 g/8 oz carne de crab

15 ml/1 lingura sos de soia

15 ml / 1 lingura vin de orez sau sherry uscat

5 ml/1 lingurita sare

Se fierb frunzele chinezeşti în apă clocotită timp de 2 minute, apoi se scurg bine şi se clătesc cu apă rece. Se încălzeşte uleiul şi se prăjeşte arpagicul până devine uşor auriu. Adăugaţi carnea de crab şi prăjiţi timp de 2 minute. Adăugaţi frunzele chinezeşti şi prăjiţi timp de 4 minute. Adăugaţi sosul de soia, vinul sau sherry şi sare şi amestecaţi bine. Adăugaţi bulionul şi făina de porumb, aduceți la fiert și fierbeți, amestecând, timp de 2 minute până când sosul se limpezește și se îngroașă.

Foo Yung Crab cu muguri de fasole

Pentru 4 persoane

6 oua batute

45 ml / 3 linguri faina de porumb (amidon de porumb)

225 g/8 oz carne de crab

100 g/4 oz muguri de fasole

2 ceai (cei), tocati marunt

2,5 ml / ¬Ω linguriță sare

45 ml / 3 linguri ulei de arahide (arahide).

Bateți ouăle și apoi adăugați făina de porumb. Se amestecă ingredientele rămase, cu excepția uleiului. Încinge uleiul și toarnă amestecul în tigaie puțin câte puțin pentru a face clătite mici de aproximativ 7,5 cm lățime. Se prăjește până se rumenește pe fund, apoi se răstoarnă și se rumenește cealaltă parte.

Crab cu ghimbir

Pentru 4 persoane

15 ml / 1 lingura ulei de arahide
2 felii de rădăcină de ghimbir, tocate
4 ceai (cei), tocate
3 catei de usturoi, macinati
1 ardei iute roșu tocat
350 g/12 oz carne de crab, fulgi
2,5 ml / ¬Ω lingurita pasta de peste
2,5 ml / ¬Ω linguriță ulei de susan
15 ml / 1 lingura vin de orez sau sherry uscat
5 ml / 1 lingurita faina de porumb (amidon de porumb)
15 ml / 1 lingură apă

Încinge uleiul și căliți ghimbirul, ceapa primăvară, usturoiul și ardeiul iute timp de 2 minute. Adăugați carnea de crab și amestecați până se îmbracă bine cu condimente. Adăugați pasta de pește. Amestecați ingredientele rămase într-o pastă, apoi amestecați în tigaie și prăjiți timp de 1 minut. Serviți deodată.

Crab Lo Mein

Pentru 4 persoane

100 g/4 oz muguri de fasole

30 ml / 2 linguri ulei de arahide

5 ml/1 lingurita sare

1 ceapa taiata felii

100g/4oz ciuperci, feliate

225 g/8 oz carne de crab, fulgi

100g/4oz muguri de bambus, feliați

Taitei prajiti

30 ml / 2 linguri sos de soia

5 ml/1 lingurita zahar

5 ml/1 lingurita ulei de susan

sare si piper proaspat macinat

Se albesc mugurii de fasole in apa clocotita timp de 5 minute si apoi se scurg. Încinge uleiul și prăjește sarea și ceapa până se înmoaie. Se adauga ciupercile si se calesc pana se inmoaie.

Adăugați carnea de crab și prăjiți timp de 2 minute. Adăugați mugurii de fasole și lăstarii de bambus și prăjiți timp de 1 minut. Adaugati taiteii scursi in tigaie si amestecati usor. Amestecați sosul de soia, zahărul și uleiul de susan și asezonați cu sare și piper. Se amestecă în tigaie până se încălzește.

Crab prăjit cu carne de porc

Pentru 4 persoane

30 ml / 2 linguri ulei de arahide
100 g/4 oz carne de porc tocată (măcinată)
350 g/12 oz carne de crab, fulgi
2 felii de rădăcină de ghimbir, tocate
2 oua, batute usor
15 ml/1 lingura sos de soia
15 ml / 1 lingura vin de orez sau sherry uscat
30 ml / 2 linguri apă
sare si piper proaspat macinat
4 ceai (cei), tăiați în fâșii

Încinge uleiul și prăjește carnea de porc până capătă o culoare deschisă. Adăugați carnea de crab și ghimbirul și prăjiți timp de 1 minut. Adăugați ouăle. Adaugati sosul de soia, vinul sau sherry, apa, sare si piper si fierbeti aproximativ 4 minute, amestecand. Se serveste ornat cu arpagic.

Carne de crab prăjită

Pentru 4 persoane

30 ml / 2 linguri ulei de arahide
450 g/1 lb carne de crab, fulgi
2 ceai (cei), tocate
2 felii de rădăcină de ghimbir, tocate
30 ml / 2 linguri sos de soia
30 ml / 2 linguri vin de orez sau sherry uscat
2,5 ml / ¬Ω linguriță sare
15 ml / 1 lingură făină de porumb (amidon de porumb)
60 ml / 4 linguri de apă

Încinge uleiul și prăjește carnea de crab, ceapă și ghimbir timp de 1 minut. Adăugați sosul de soia, vinul sau sherry și sare, acoperiți și fierbeți timp de 3 minute. Se amestecă făina de porumb și apa într-o pastă, se amestecă în tigaie și se fierbe la foc mic, amestecând, până când sosul se limpezește și se îngroașă.

Biluțe de sepie prăjite

Pentru 4 persoane

450 g / 1 kg sepie

50g/2oz untură, mărunțită

1 albus de ou

2,5 ml / ¬Ω lingurita zahar

2,5 ml / ¬Ω linguriță de amidon de porumb (amidon de porumb)

sare si piper proaspat macinat

ulei pentru prajit

Tăiați sepia și măcinați-o sau transformați-o în pulpă. Se amestecă cu untura, albușul, zahărul și amidonul de porumb și se condimentează cu sare și piper. Presă amestecul în bile. Încinge uleiul și prăjește biluțele de sepie, în reprize dacă este necesar, până când plutesc în vârful uleiului și devin maro auriu. Se scurge bine si se serveste deodata.

homar cantonez

Pentru 4 persoane

2 homari

30 ml / 2 linguri ulei

15 ml/1 lingura sos de fasole neagra

1 căţel de usturoi zdrobit

1 ceapa tocata

225 g/8 oz carne de porc tocată (măcinată)

45 ml / 3 linguri sos de soia

5 ml/1 lingurita zahar

sare si piper proaspat macinat

15 ml / 1 lingură făină de porumb (amidon de porumb)

75 ml / 5 linguri de apă

1 ou bătut

Rupeti homarii, scoateti carnea si taiati-o in cuburi de 2,5 cm. Încinge uleiul şi căleşte sosul de fasole neagră, usturoiul şi ceapa până devin uşor aurii. Adăugaţi carnea de porc şi prăjiţi până se rumeneşte. Adăugaţi sos de soia, zahăr, sare, piper şi homar, acoperiţi şi fierbeţi timp de aproximativ 10 minute. Se amestecă făina de porumb şi apa într-o pastă, se amestecă în tigaie şi se fierbe la foc mic, amestecând, până când sosul se limpezeşte şi se îngroaşă. Opriţi focul şi adăugaţi oul înainte de servire.

Homar prajit

Pentru 4 persoane

450 g/1 lb carne de homar

30 ml / 2 linguri sos de soia

5 ml/1 lingurita zahar

1 ou bătut

30 ml / 3 linguri făină simplă (universal)

ulei pentru prajit

Tăiați carnea de homar în cuburi de 2,5 cm/1 și amestecați cu sosul de soia și zahărul. Se lasa sa se odihneasca 15 minute si apoi se scurge. Bateți oul și făina, apoi adăugați homarul și amestecați bine pentru a se îmbrăca. Încinge uleiul și prăjește homarul până se rumenește. Scurgeți pe hârtie de bucătărie înainte de servire.

Homar la abur cu șuncă

Pentru 4 persoane

4 oua, batute usor

60 ml / 4 linguri de apă

5 ml/1 lingurita sare

15 ml/1 lingura sos de soia

450 g/1 lb carne de homar, fulgi

15 ml / 1 lingura sunca afumata tocata

15 ml/1 lingura patrunjel proaspat tocat

Bateți ouăle cu apa, sarea și sosul de soia. Se toarnă într-un recipient refractar și se stropește cu carne de homar. Așezați vasul pe un gratar într-un cuptor cu abur, acoperiți și gătiți la abur timp de 20 de minute până când ouăle sunt gata. Se servesc ornat cu sunca si patrunjel.

Homar cu ciuperci

Pentru 4 persoane

450 g/1 lb carne de homar

15 ml / 1 lingură făină de porumb (amidon de porumb)

60 ml / 4 linguri de apă

30 ml / 2 linguri ulei de arahide

4 ceai (cei), feliați gros

100g/4oz ciuperci, feliate

2,5 ml / ¬Ω linguriță sare

1 cățel de usturoi zdrobit

30 ml / 2 linguri sos de soia

15 ml / 1 lingura vin de orez sau sherry uscat

Tăiați carnea de homar în cuburi de 2,5 cm. Amestecați făina de porumb și apa într-o pastă și aruncați cuburile de homar în amestec pentru a le acoperi. Se incinge jumatate din ulei si se prajesc cubuletele de homar pana devin usor aurii, se scot din tigaie. Se încălzește uleiul rămas și se prăjește ceapa primăvară până devine ușor aurie. Se adauga ciupercile si se calesc 3 minute. Se adauga sarea, usturoiul, sosul de soia si vinul sau sherry si se calesc 2 minute. Întoarceți homarul în tigaie și prăjiți până se încălzește.

Cozi de homar cu carne de porc

Pentru 4 persoane

3 ciuperci chinezeşti uscate
4 cozi de homar
60 ml / 4 linguri ulei de arahide
100 g/4 oz carne de porc tocată (măcinată)
50g/2oz castane de apă, tocate mărunt
sare si piper proaspat macinat
2 catei de usturoi, macinati
45 ml / 3 linguri sos de soia
30 ml / 2 linguri vin de orez sau sherry uscat
30 ml / 2 linguri sos de fasole neagra
10 ml / 2 linguri faina de porumb (amidon de porumb)
120 ml / 4 fl oz / ¬Ω cană de apă

Înmuiaţi ciupercile în apă caldă timp de 30 de minute şi apoi scurgeţi-le. Aruncaţi tulpinile şi tăiaţi vârfurile. Tăiaţi cozile homarului în jumătate pe lungime. Scoateţi carnea de pe cozile homarului, păstrând cojile. Se încălzeşte jumătate din ulei şi se prăjeşte carnea de porc până devine deschisă. Se ia de pe foc si se amesteca ciupercile, carnea homarului, castanele de apa, sare si piper. Apăsaţi carnea înapoi în cojile de homar şi puneţi-o pe o farfurie rezistentă la căldură. Se pune pe un gratar într-un cuptor cu abur, se acoperă și se gătește la abur timp de aproximativ 20 de minute până se fierbe. Între timp, încălzește uleiul rămas și căliți usturoiul, sosul de soia, vinul sau sherry și sosul de fasole neagră timp de 2 minute. Amestecă făina de porumb și apa până obții o pastă, Se amestecă în tigaie și se fierbe la foc mic, amestecând, până când sosul se îngroașă. Pune homarul pe o farfurie caldă de servire, se toarnă peste sos și se servește imediat.

Homar sotat

Pentru 4 persoane

450 g/1 lb cozi de homar

30 ml / 2 linguri ulei de arahide

1 cățel de usturoi zdrobit

2,5 ml / ¬Ω linguriță sare

350 g/12 oz muguri de fasole

50g/2oz ciuperci

4 ceai (cei), feliați gros

150 ml / ¬° pt / ¬Ω cană bulion de pui generoasă

15 ml / 1 lingură făină de porumb (amidon de porumb)

Aduceți o cratiță cu apă la fiert, adăugați cozile de homar și fierbeți timp de 1 minut. Scurgeți, răciți, îndepărtați coaja și tăiați în felii groase. Se incinge uleiul cu usturoiul si sarea si se prajesc pana usturoiul devine usor auriu. Adauga homarul si se caleste 1 minut. Adăugați mugurii de fasole și ciupercile și căliți timp de 1 minut. Adăugați arpagicul. Adăugați cea mai mare parte din bulion, aduceți la fierbere, acoperiți și fierbeți timp de 3 minute. Se amestecă făina de porumb cu bulionul rămas, se amestecă în tigaie și se fierbe la foc mic, amestecând, până când sosul se limpezește și se îngroașă.

cuiburi de homar

Pentru 4 persoane

30 ml / 2 linguri ulei de arahide

5 ml/1 lingurita sare

1 ceapă, feliată subțire

100g/4oz ciuperci, feliate

100 g/4 oz muguri de bambus, feliate 225 g/8 oz carne de homar gătită

15 ml / 1 lingura vin de orez sau sherry uscat

120 ml / 4 fl oz / ¬Ω cană bulion de pui
praf de piper proaspat macinat
10 ml / 2 linguriţe de făină de porumb (amidon de porumb)
15 ml / 1 lingură apă
4 coşuri cu tăiţei

Încinge uleiul şi prăjeşte sarea şi ceapa până se înmoaie. Adăugaţi ciupercile şi lăstarii de bambus şi căliţi timp de 2 minute. Adăugaţi carnea de homar, vinul sau sherry şi bulionul, aduceţi la fierbere, acoperiţi şi fierbeţi timp de 2 minute. Se condimentează cu piper. Se amestecă făina de porumb şi apa într-o pastă, se amestecă în tigaie şi se fierbe la foc mic, amestecând, până când sosul se îngroaşă. Aşezaţi cuiburile de tăiţei pe o farfurie caldă de servire şi acoperiţi cu homarul prăjit.

Midiile in sos de fasole neagra

Pentru 4 persoane

45 ml / 3 linguri ulei de arahide (arahide).
2 catei de usturoi, macinati
2 felii de rădăcină de ghimbir, tocate
30 ml / 2 linguri sos de fasole neagra
15 ml/1 lingura sos de soia
midii de 1,5 kg/3lb, spălate şi bărbăte
2 ceai (cei), tocate

Încinge uleiul și călește usturoiul și ghimbirul timp de 30 de secunde. Adăugați sosul de fasole neagră și sosul de soia și prăjiți timp de 10 secunde. Adăugați scoici, acoperiți și gătiți aproximativ 6 minute până când scoicile s-au deschis. Aruncați tot ce rămâne închis. Se transferă pe o farfurie caldă de servire și se servește presărat cu arpagic.

Midii cu Ghimbir

Pentru 4 persoane

45 ml / 3 linguri ulei de arahide (arahide).
2 catei de usturoi, macinati
4 felii rădăcină de ghimbir, tocate
midii de 1,5 kg/3lb, spălate și bărbăte
45 ml / 3 linguri de apă
15 ml/1 lingura sos de stridii

Încinge uleiul și călește usturoiul și ghimbirul timp de 30 de secunde. Adăugați midiile și apa, acoperiți și gătiți aproximativ 6 minute până când scoicile s-au deschis. Aruncați tot ce rămâne închis. Transferați pe o farfurie caldă de servire și serviți stropiți cu sos de stridii.

midii la abur

Pentru 4 persoane

midii de 1,5 kg/3lb, spălate și bărbăte
45 ml / 3 linguri sos de soia
3 ceai (cei), tocati marunt

Pune midiile pe un grătar într-un cuptor cu abur, se acoperă și se fierb peste apă clocotită timp de aproximativ 10 minute până când toate midiile s-au deschis. Aruncați tot ce rămâne închis. Transferați pe o farfurie caldă de servire și serviți stropiți cu sos de soia și ceapă.

Stridii prăjite

Pentru 4 persoane

24 de stridii decojite
sare si piper proaspat macinat
1 ou bătut
50 g / 2 oz / ¬Ω cană făină simplă (universal)
250 ml / 8 fl oz / 1 cană apă
ulei pentru prajit
4 ceai (cei), tocate

Se presară stridiile cu sare și piper. Bateți oul cu făina și apa până se formează un aluat și folosiți pentru a acoperi stridiile. Se incinge uleiul si se prajesc stridiile pana devin aurii. Se scurge pe hartie de bucatarie si se serveste garnisita cu arpagic.

Stridii cu Bacon

Pentru 4 persoane

175 g/6 oz slănină

24 de stridii decojite

1 ou, batut usor

15 ml / 1 lingură apă

45 ml / 3 linguri ulei de arahide (arahide).

2 cepe tocate

15 ml / 1 lingură făină de porumb (amidon de porumb)

15 ml/1 lingura sos de soia

90 ml / 6 linguri supă de pui

Tăiați slănina în bucăți și înfășurați o bucată în jurul fiecărei stridii. Bateți oul cu apa și apoi scufundați-l în stridii pentru a se îmbrăca. Se incinge jumatate din ulei si se prajesc stridiile pana se rumenesc usor pe ambele parti, apoi se scot din tigaie si se scurg de grasime. Se încălzește uleiul rămas și se prăjește ceapa până se înmoaie. Se amestecă făina de porumb, sosul de soia și bulionul într-o pastă, se toarnă în tigaie și se fierbe la foc mic, amestecând, până când sosul se limpezește și se îngroașă. Se toarnă peste stridii și se servește imediat.

Stridii prăjite cu ghimbir

Pentru 4 persoane

24 de stridii decojite

2 felii de rădăcină de ghimbir, tocate

30 ml / 2 linguri sos de soia

15 ml / 1 lingura vin de orez sau sherry uscat

4 ceai (cei), tăiați în fâșii

100 g bacon

1 ou

50 g / 2 oz / ¬Ω cană făină simplă (universal)

sare si piper proaspat macinat

ulei pentru prajit

1 lămâie tăiată felii

Puneți stridiile într-un castron cu ghimbir, sosul de soia și vinul sau sherry și amestecați bine pentru a se îmbrăca. Se lasa sa se odihneasca 30 de minute. Puneți câteva fâșii de ceai verde deasupra fiecărei stridii. Tăiați slănina în bucăți și înfășurați câte o bucată în jurul fiecărei stridii. Bateți oul și făina până se formează un aluat și asezonați cu sare și piper. Scufundați stridiile în aluat până când sunt bine acoperite. Se incinge uleiul si se prajesc stridiile pana devin aurii. Se servesc ornat cu felii de lamaie.

Stridii cu sos de fasole neagră

Pentru 4 persoane

350 g/12 oz stridii decojite

120 ml / 4 fl oz / ¬Ω cană ulei de arahide (arahide).

2 catei de usturoi, macinati

3 ceai (cei), feliați

15 ml/1 lingura sos de fasole neagra

30 ml / 2 linguri sos de soia închis

15 ml/1 lingura ulei de susan

praf de chili pudră

Se fierb stridiile în apă clocotită timp de 30 de secunde și apoi se scurg. Încinge uleiul și călește usturoiul și arpagicul timp de 30 de secunde. Adaugati sosul de fasole neagra, sosul de soia, uleiul de susan si stridiile si asezonati dupa gust cu pudra de chili. Se caleste pana se incalzeste si se serveste imediat.

Scoici cu muguri de bambus

Pentru 4 persoane

60 ml / 4 linguri ulei de arahide

6 ceai (cei), tocate

225g/8oz ciuperci, tăiate în sferturi

15 ml/1 lingura zahar

450 g/1 lb scoici decojite

2 felii de rădăcină de ghimbir, tocate

225g/8oz muguri de bambus, feliați

sare si piper proaspat macinat

300 ml / ¬Ω pt / 1 ¬° căni de apă

30 ml / 2 linguri otet de vin

30 ml / 2 linguri faina de porumb (amidon de porumb)

150 ml / ¬° pt / ¬Ω cană de apă generoasă

45 ml / 3 linguri sos de soia

Încinge uleiul și prăjește ceapa primăvară și ciupercile timp de 2 minute. Adăugați zahărul, scoicile, ghimbirul, lăstarii de bambus, sare și piper, acoperiți și gătiți timp de 5 minute. Se adauga apa si otetul de vin, se aduce la fierbere, se acopera si se fierbe 5 minute. Se amestecă făina de porumb și apa într-o pastă, se amestecă în tigaie și se fierbe la foc mic, amestecând, până când sosul se îngroașă. Se condimentează cu sos de soia și se servește.

Scoici cu Ou

Pentru 4 persoane

45 ml / 3 linguri ulei de arahide (arahide).

350 g/12 oz scoici decojite

25g/1oz sunca afumata, tocata

30 ml / 2 linguri vin de orez sau sherry uscat

5 ml/1 lingurita zahar

2,5 ml / ¬Ω linguriță sare

praf de piper proaspat macinat

2 oua, batute usor

15 ml/1 lingura sos de soia

Încinge uleiul și prăjește scoici timp de 30 de secunde. Se adaugă șunca și se călește timp de 1 minut. Adăugați vinul sau sherry, zahărul, sare și piper și căliți timp de 1 minut. Adăugați ouăle și amestecați ușor la foc mare până când ingredientele sunt bine acoperite cu ou. Se serveste stropita cu sos de soia.

Scoici cu broccoli

Pentru 4 persoane

350g/12oz scoici, feliate

3 felii de rădăcină de ghimbir, tocate

½ morcov mic, feliat

1 cățel de usturoi zdrobit

45 ml / 3 linguri făină simplă (universal)

2,5 ml/½ lingurita de bicarbonat de sodiu (bicarbonat de sodiu)

30 ml / 2 linguri ulei de arahide

15 ml / 1 lingură apă

1 banană feliată

ulei pentru prajit

275 g/10 oz broccoli

sare

5 ml/1 lingurita ulei de susan

2,5 ml/½ lingurita sos chili

2,5 ml / ½ lingurita otet de vin

2,5 ml / ½ lingurita piure de rosii (pasta)

Amesteca scoicile cu ghimbirul, morcovul si usturoiul si lasa-le sa se odihneasca. Amestecă făina, bicarbonatul de sodiu, 15 ml/1 lingură ulei și apă până obții o pastă și folosește-o pentru a acoperi feliile de banană. Se încălzește uleiul și se prăjește pătlagina până se rumenește, apoi se scurge și se pune în jurul unei farfurii calde de servire. Între timp, gătiți broccoli în apă clocotită cu sare până când se înmoaie, apoi scurgeți. Se încălzește uleiul rămas cu uleiul de susan și se prăjește scurt broccoli și apoi se așează în jurul farfurii cu bananele. Adăugați în tigaie sosul de chili, oțetul de vin și piureul de roșii și prăjiți scoici până când sunt fierte. Se pune pe farfuria de servire si se serveste imediat.

Scoici cu ghimbir

Pentru 4 persoane

45 ml / 3 linguri ulei de arahide (arahide).
2,5 ml / ¬Ω linguriță sare
3 felii de rădăcină de ghimbir, tocate
2 ceai (cei), feliați gros
450 g/1 lb scoici decojite, tăiate în jumătate
15 ml / 1 lingură făină de porumb (amidon de porumb)
60 ml / 4 linguri de apă

Încinge uleiul și prăjește sarea și ghimbirul timp de 30 de secunde. Adaugati ceapa si caliti pana se rumenesc usor. Adaugă scoicile și călești timp de 3 minute. Se amestecă făina de porumb și apa într-o pastă, se adaugă în tigaie și se fierbe la foc mic, amestecând, până se îngroașă. Serviți deodată.

Scoici cu șuncă

Pentru 4 persoane

450 g/1 lb scoici decojite, tăiate în jumătate
250 ml / 8 fl oz / 1 cană vin de orez sau sherry uscat
1 ceapa tocata marunt
2 felii de rădăcină de ghimbir, tocate
2,5 ml / ¬Ω linguriță sare
100g/4oz șuncă afumată, tocată

Pune scoicile într-un castron și adaugă vinul sau sherry. Acoperiți și lăsați la marinat timp de 30 de minute, întorcându-le din când în când, apoi scurgeți scoici și aruncați marinada. Pune scoicile într-un vas refractar cu restul ingredientelor. Așezați vasul pe un grătar într-un cuptor cu abur, acoperiți și fierbeți peste apă clocotită aproximativ 6 minute până când scoicile sunt fragede.

Încurcătură de scoici cu ierburi

Pentru 4 persoane

225 g/8 oz scoici decojite

30 ml / 2 linguri coriandru proaspăt tocat

4 oua batute

15 ml / 1 lingura vin de orez sau sherry uscat

sare si piper proaspat macinat

15 ml / 1 lingura ulei de arahide

Pune scoicile într-un cuptor cu abur și gătești aproximativ 3 minute până când sunt fierte, în funcție de dimensiune. Scoateți din cuptorul cu abur și stropiți cu coriandru. Bateți ouăle cu vinul sau sherry și asezonați după gust cu sare și piper. Adăugați scoici și coriandru. Se încălzește uleiul și se prăjește amestecul de ouă și scoici, amestecând continuu, până când ouăle sunt gata. Serviți imediat.

Sote de scoici și ceapă

Pentru 4 persoane

45 ml / 3 linguri ulei de arahide (arahide).
1 ceapa taiata felii
450 g/1 lb scoici decojite, tăiate în sferturi
sare si piper proaspat macinat
15 ml / 1 lingura vin de orez sau sherry uscat

Se incinge uleiul si se caleste ceapa pana se inmoaie. Adăugați scoici și prăjiți până se rumenesc ușor. Asezonați cu sare și piper, stropiți cu vin sau sherry și serviți imediat.

Scoici cu Legume

Pentru 4'6

4 ciuperci chinezești uscate

2 cepe

30 ml / 2 linguri ulei de arahide

3 tulpini de telina, taiate in diagonala

225g/8oz fasole verde, tăiată în diagonală

10 ml / 2 lingurițe rădăcină de ghimbir rasă

1 cățel de usturoi zdrobit

20 ml / 4 lingurițe de făină de porumb (amidon de porumb)

250 ml / 8 fl oz / 1 cană bulion de pui

30 ml / 2 linguri vin de orez sau sherry uscat

30 ml / 2 linguri sos de soia

450 g/1 lb scoici decojite, tăiate în sferturi

6 ceai (cei), feliați

425 g / 15 oz porumb conservat pe stiule

Înmuiați ciupercile în apă caldă timp de 30 de minute și apoi scurgeți-le. Aruncați tulpinile și tăiați vârfurile. Tăiați ceapa în felii și separați straturile. Încinge uleiul și căliți ceapa, țelina, fasolea, ghimbirul și usturoiul timp de 3 minute. Se amestecă făina de porumb cu puțin bulion și apoi se amestecă cu bulionul rămas, vin sau sherry și sosul de soia. Se adaugă în wok și se aduce la fierbere, amestecând. Adaugati ciupercile, scoicile, scoicile si porumbul si sotiti aproximativ 5 minute pana cand scoicile sunt fragede.

Scoici cu ardei

Pentru 4 persoane

30 ml / 2 linguri ulei de arahide
3 ceai (cei), tocate
1 căţel de usturoi zdrobit
2 felii de rădăcină de ghimbir, tocate
2 ardei rosii taiati cubulete
450 g/1 lb scoici decojite
30 ml / 2 linguri vin de orez sau sherry uscat
15 ml/1 lingura sos de soia
15 ml/1 lingură sos de fasole galbenă
5 ml/1 lingurita zahar
5 ml/1 lingurita ulei de susan

Se incinge uleiul si se calesc ceapa, usturoiul si ghimbirul timp de 30 de secunde. Se adauga ardeii si se caleste 1 minut. Adaugă scoicile și căliți timp de 30 de secunde, apoi adăugați ingredientele rămase și gătiți aproximativ 3 minute până când scoicile sunt fragede.

Calamar cu muguri de fasole

Pentru 4 persoane

450 g/1 kilogram de calmar

30 ml / 2 linguri ulei de arahide

15 ml / 1 lingura vin de orez sau sherry uscat

100 g/4 oz muguri de fasole

15 ml/1 lingura sos de soia

sare

1 ardei iute roșu, ras

2 felii rădăcină de ghimbir, rasă

2 ceai (cei), rasi

Scoateți capul, măruntaiele și membrana de la calmar și tăiați în bucăți mari. Tăiați un model încrucișat în fiecare bucată. Aduceți o cratiță cu apă la fiert, adăugați calamarul și fierbeți la foc mic până când bucățile se învârtesc, îndepărtați și scurgeți. Se încălzește jumătate din ulei și se prăjește rapid calmarul. Stropiți cu vin sau sherry. Între timp, încălziți uleiul rămas și căleți mugurii de fasole până se înmoaie. Asezonați cu sos de soia și sare. Aranjați ardeiul iute, ghimbirul și ceaiul verde în jurul unei farfurii de servire. Îngrămădiți mugurii de fasole în centru și acoperiți cu calmar. Serviți deodată.

Calamar prajit

Pentru 4 persoane

50 g/2 oz făină simplă (universal)

25 g / 1 oz / ¬° cană amidon de porumb (amidon de porumb)

2,5 ml / ¬Ω lingurita praf de copt

2,5 ml / ¬Ω linguriță sare

1 ou

75 ml / 5 linguri de apă

15 ml / 1 lingura ulei de arahide

450 g/1 lb calmar, tăiat în inele

ulei pentru prajit

Bateți făina, amidonul de porumb, praful de copt, sarea, oul, apa și uleiul pentru a forma un aluat. Înmuiați calmarul în aluat până când este bine acoperit. Încinge uleiul și prăjește calmarul câteva bucăți pe rând până se rumenește. Scurgeți pe hârtie de bucătărie înainte de servire.

Pachete cu calmar

Pentru 4 persoane

8 ciuperci chinezești uscate

450 g/1 kilogram de calmar

100 g/4 oz șuncă afumată

100 g/4 oz tofu

1 ou bătut

15 ml / 1 lingură făină simplă (universal)

2,5 ml / ¬Ω lingurita zahar

2,5 ml / ¬Ω linguriță ulei de susan

sare si piper proaspat macinat

8 piei wonton

ulei pentru prajit

Înmuiați ciupercile în apă caldă timp de 30 de minute și apoi scurgeți-le. Aruncați tulpinile. Tăiați calmarii și tăiați-i în 8 bucăți. Tăiați șunca și tofu în 8 bucăți. Pune-le pe toate într-un castron. Amesteca oul cu faina, zaharul, uleiul de susan, sare si piper. Turnați ingredientele în bol și amestecați ușor. Puneți un capac de ciuperci și o bucată de calmar, șuncă și tofu chiar sub centrul fiecărei coajă wonton. Îndoiți în colțul de jos, îndoiți în părțile laterale și apoi rulați, umezind marginile cu apă pentru a sigila. Se încălzește uleiul și se prăjesc cocoloașele aproximativ 8 minute până se rumenesc. Scurgeți bine înainte de servire.

Rulouri de calamar prajit

Pentru 4 persoane

45 ml / 3 linguri ulei de arahide (arahide).

225g/8oz inele de calmar

1 ardei verde mare, tăiat în bucăți

100g/4oz muguri de bambus, feliați

2 ceai (cei), tocati marunt

1 felie radacina de ghimbir, tocata marunt

45 ml / 2 linguri sos de soia

30 ml / 2 linguri vin de orez sau sherry uscat

15 ml / 1 lingură făină de porumb (amidon de porumb)

15 ml / 1 lingură bulion de peşte sau apă

5 ml/1 lingurita zahar

5 ml/1 lingurita otet de vin

5 ml/1 lingurita ulei de susan

sare si piper proaspat macinat

Se încălzesc 15 ml/1 lingură de ulei şi se prăjesc rapid calmarii până se etanşează bine. Între timp, încălziți uleiul rămas într-o tigaie separată şi prăjiți ardeiul, lăstarii de bambus, ceapa şi ghimbirul timp de 2 minute. Adăugați calamarul şi prăjiți timp de 1 minut. Adaugati sosul de soia, vinul sau sherry, faina de porumb, bulionul, zaharul, otetul de vin si uleiul de susan si asezonati cu sare si piper. Se caleste pana cand sosul se limpezeste si se ingroasa.

Calamari soti

Pentru 4 persoane

45 ml / 3 linguri ulei de arahide (arahide).
3 ceai (cei), feliați gros
2 felii de rădăcină de ghimbir, tocate
450g/1lb calmar, tăiat în bucăți
15 ml/1 lingura sos de soia
15 ml / 1 lingura vin de orez sau sherry uscat
5 ml / 1 lingurita faina de porumb (amidon de porumb)
15 ml / 1 lingură apă

Se incinge uleiul si se prajesc ceapa si ghimbirul pana se inmoaie. Se adaugă calamarul și se prăjește până se îmbracă în ulei. Adăugați sosul de soia și vinul sau sherry, acoperiți și fierbeți timp de 2 minute. Se amestecă făina de porumb și apa într-o pastă, se adaugă în tigaie și se fierbe la foc mic, amestecând, până când sosul se îngroașă și calamarul este fraged.

Calamar cu ciuperci uscate

Pentru 4 persoane

50 g/2 oz ciuperci chinezești uscate
450 g/1 liră inele de calmar
45 ml / 3 linguri ulei de arahide (arahide).
45 ml / 3 linguri sos de soia
2 ceai (cei), tocati marunt
1 felie radacina de ghimbir, tocata
225 g/8 oz muguri de bambus, tăiați în fâșii
30 ml / 2 linguri faina de porumb (amidon de porumb)
150 ml / ¬° pt / ¬Ω cană bulion de pește generoasă

Înmuiați ciupercile în apă caldă timp de 30 de minute și apoi scurgeți-le. Aruncați tulpinile și tăiați vârfurile. Se fierbe calamarul pentru cateva secunde in apa clocotita. Se incinge uleiul si apoi se adauga ciupercile, sosul de soia, ceapa si ghimbirul si se calesc timp de 2 minute. Adăugați calmarul și lăstarii de bambus și prăjiți timp de 2 minute. Se amestecă făina de porumb și bulionul și se amestecă în tigaie. Gatiti la foc mic, amestecand, pana cand sosul se limpezeste si se ingroasa.

Calamar cu Legume

Pentru 4 persoane

45 ml / 3 linguri ulei de arahide (arahide).

1 ceapa taiata felii

5 ml/1 lingurita sare

450g/1lb calmar, tăiat în bucăți

100g/4oz muguri de bambus, feliați

2 tulpini de telina, taiate in diagonala

60 ml / 4 linguri supă de pui

5 ml/1 lingurita zahar

100 g/4 oz mazăre de zăpadă

5 ml / 1 lingurita faina de porumb (amidon de porumb)

15 ml / 1 lingură apă

Se incinge uleiul si se caleste ceapa si sarea pana se rumeneste putin. Se adaugă calamarul și se călește până când se îmbină cu ulei. Adăugați lăstarii de bambus și țelina și căleți timp de 3 minute. Adăugați bulionul și zahărul, aduceți la fiert, acoperiți și fierbeți timp de 3 minute până când legumele sunt fragede. Adăugați mânerul. Se amestecă făina de porumb și apa într-o *pastă, se amestecă în tigaie și se fierbe la foc mic, amestecând, până când sosul se îngroașă.*

Carne de vită înăbușită cu anason

Pentru 4 persoane

30 ml / 2 linguri ulei de arahide
450 g/1 lb Friptură de file
1 cățel de usturoi zdrobit
45 ml / 3 linguri sos de soia
15 ml / 1 lingură apă
15 ml / 1 lingura vin de orez sau sherry uscat
5 ml/1 lingurita sare
5 ml/1 lingurita zahar
2 cuișoare de anason stelat

Încinge uleiul și prăjește carnea până se rumenește pe toate părțile. Adăugați ingredientele rămase, aduceți la fiert, acoperiți și fierbeți aproximativ 45 de minute, apoi întoarceți carnea, adăugând puțină apă și sos de soia dacă carnea se usucă. Mai fierbeți încă 45 de minute până când carnea este fragedă. Aruncați anasonul stelat înainte de servire.

Carne de vită cu sparanghel

Pentru 4 persoane

450g/1lb friptură de muschi, tăiată cubuleţe

30 ml / 2 linguri sos de soia

30 ml / 2 linguri vin de orez sau sherry uscat

45 ml / 3 linguri faina de porumb (amidon de porumb)

45 ml / 3 linguri ulei de arahide (arahide).

5 ml/1 lingurita sare

1 căţel de usturoi zdrobit

350 g/12 oz vârfuri de sparanghel

120 ml / 4 fl oz / ¬Ω cană bulion de pui

15 ml/1 lingura sos de soia

Pune friptura într-un castron. Amestecaţi sosul de soia, vinul sau sherry şi 30 ml/2 linguri de porumb, turnaţi peste file şi amestecaţi bine. Lasam sa macereze 30 de minute. Se incinge uleiul cu sarea si usturoiul si se prajesc pana usturoiul devine usor auriu. Se adauga carnea si marinata si se calesc timp de 4 minute. Se adauga sparanghelul si se caleste usor 2 minute. Adăugaţi bulionul şi sosul de soia, aduceţi la fiert şi fierbeţi, amestecând timp de 3 minute, până când carnea este fiartă. Se amestecă făina de porumb rămasă cu puţină apă sau bulion şi se amestecă în sos. Se fierbe, amestecând, câteva minute până când sosul se limpezeşte şi se îngroaşă.

Carne de vită cu muguri de bambus

Pentru 4 persoane

45 ml / 3 linguri ulei de arahide (arahide).
1 cățel de usturoi zdrobit
1 ceapă de primăvară (ceapă), tocată
1 felie radacina de ghimbir, tocata
225g/8oz carne slabă de vită, tăiată fâșii
100 g/4 oz muguri de bambus
45 ml / 3 linguri sos de soia
15 ml / 1 lingura vin de orez sau sherry uscat
5 ml / 1 lingurita faina de porumb (amidon de porumb)

Încinge uleiul și călește usturoiul, ceapa primăvară și ghimbirul până devin ușor aurii. Adăugați carnea și prăjiți timp de 4 minute până se rumenește ușor. Adăugați lăstarii de bambus și prăjiți timp de 3 minute. Adaugati sosul de soia, vinul sau sherry si amidonul de porumb si caliti 4 minute.

Carne de vită cu muguri de bambus și ciuperci

Pentru 4 persoane

225 g/8 oz carne de vită slabă
45 ml / 3 linguri ulei de arahide (arahide).
1 felie radacina de ghimbir, tocata
100g/4oz muguri de bambus, feliați
100g/4oz ciuperci, feliate
45 ml / 3 linguri vin de orez sau sherry uscat
5 ml/1 lingurita zahar
10 ml / 2 lingurite sos de soia
sare si piper
120 ml / 4 fl oz / ¬Ω cană bulion de vită
15 ml / 1 lingură făină de porumb (amidon de porumb)
30 ml / 2 linguri apă

Tăiați carnea în felii subțiri împotriva bobului. Încinge uleiul și prăjește ghimbirul pentru câteva secunde. Se adaugă carnea și se călește până se rumenește. Adăugați lăstarii de bambus și ciupercile și prăjiți timp de 1 minut. Adăugați vinul sau sherry, zahărul și sosul de soia și asezonați cu sare și piper. Adăugați bulionul, aduceți la fierbere, acoperiți și fierbeți timp de 3 minute. Se amestecă făina de porumb și apa, se amestecă în tigaie și se fierbe la foc mic, amestecând, până se îngroașă sosul.

Carne de vită chinezească la fiert

Pentru 4 persoane

45 ml / 3 linguri ulei de arahide (arahide).

900 g/2 lb friptură de coastă

1 ceapă primăvară (ceapă), tăiată felii

1 catel de usturoi, tocat

1 felie radacina de ghimbir, tocata

60 ml / 4 linguri sos de soia

30 ml / 2 linguri vin de orez sau sherry uscat

5 ml/1 lingurita zahar

5 ml/1 lingurita sare

praf de piper

750 ml / 1¬° ochi / 3 căni de apă clocotită

Încinge uleiul și rumenește rapid carnea pe toate părțile. Adăugați arpagicul, usturoiul, ghimbirul, sosul de soia, vinul sau sherry, zahărul, sare și piper. Se aduce la fierbere, amestecând. Adăugați apa clocotită, reveniți la fierbere, amestecând, apoi acoperiți și fierbeți timp de aproximativ 2 ore până când carnea se înmoaie.

Carne de vită cu muguri de fasole

Pentru 4 persoane

450 g/1 lb carne macră de vită, feliată

1 albus de ou

30 ml / 2 linguri ulei de arahide

15 ml / 1 lingură făină de porumb (amidon de porumb)

15 ml/1 lingura sos de soia

100 g/4 oz muguri de fasole

25g/1oz varză murată, mărunțită

1 ardei iute roșu, ras

2 ceai (cei), rasi

2 felii rădăcină de ghimbir, rasă

sare

5 ml/1 lingurita sos de stridii

5 ml/1 lingurita ulei de susan

Amestecați carnea cu albușul, jumătate din ulei, amidonul de porumb și sosul de soia și lăsați-o să se odihnească 30 de minute. Se albesc mugurii de fasole în apă clocotită timp de aproximativ 8 minute până când sunt aproape fragezi, apoi se scurg. Se incinge uleiul ramas si se caleste carnea pana se rumeneste usor, apoi se scoate din tigaie. Adăugați varza murată, ardeiul iute, ghimbirul, sarea, sosul de stridii și uleiul de susan și prăjiți timp de 2 minute. Adăugați mugurii de fasole și căliți timp de 2 minute. Se pune carnea de vită în tigaie și se călește până se omogenizează bine și se încălzește. Serviți deodată.

Carne de vită cu broccoli

Pentru 4 persoane

450g/1lb friptură de muschi, feliată subțire
30 ml / 2 linguri faina de porumb (amidon de porumb)
15 ml / 1 lingura vin de orez sau sherry uscat
15 ml/1 lingura sos de soia
30 ml / 2 linguri ulei de arahide
5 ml/1 lingurita sare
1 cățel de usturoi zdrobit
225 g/8 oz buchete de broccoli
150 ml / ¬° pt / ¬Ω cană bulion de vită generoasă

Pune friptura într-un castron. Amesteca 15 ml/1 lingura de faina de porumb cu vinul sau sherry si sosul de soia, adaugam in carne si lasam la marinat 30 de minute. Se incinge uleiul cu sarea si usturoiul si se prajesc pana usturoiul devine usor auriu. Adăugați friptura și marinada și soțiți timp de 4 minute. Se adauga broccoli si se caleste timp de 3 minute. Adăugați bulionul, aduceți la fierbere, acoperiți și fierbeți timp de 5 minute până când broccoli este fraged, dar încă crocant. Se amestecă făina de porumb rămasă cu puțină apă și se amestecă în sos. Gatiti la foc mic, amestecand pana cand sosul se limpezeste si se ingroasa.

Carne de susan cu broccoli

Pentru 4 persoane

150 g/5 oz carne slabă de vită, feliată subțire
2,5 ml / ¬Ω lingurita sos de stridii
5 ml / 1 lingurita faina de porumb (amidon de porumb)
5 ml/1 lingurita otet de vin alb
60 ml / 4 linguri ulei de arahide
100 g/4 oz buchete de broccoli
5 ml/1 lingurita sos de peste
2,5 ml / ¬Ω lingurita sos de soia
250 ml / 8 fl oz / 1 cană bulion de vită
30 ml / 2 linguri de seminte de susan

Marinați carnea cu sosul de stridii, 2,5 ml / ¬Ω linguriță de făină de porumb, 2,5 ml / ¬Ω linguriță de oțet de vin și 15 ml / 1 lingură de ulei timp de 1 oră.

Între timp, încălziți 15 ml / 1 lingură ulei, adăugați broccoli, 2,5 ml / ¬Ω linguriță sos de pește, sosul de soia și oțetul de vin rămas și acoperiți cu apă clocotită. Se fierbe aproximativ 10 minute până se înmoaie.

Se încălzește 30 ml/2 linguri de ulei într-o tigaie separată și se prăjește carnea pentru scurt timp până se prăjește. Adăugați bulionul, făina de porumb rămasă și sosul de pește, aduceți la fiert, acoperiți și fierbeți timp de aproximativ 10 minute până când carnea este fragedă. Scurgeți broccoli și puneți-l pe o farfurie caldă de servire. Acoperiți cu carne și stropiți generos cu semințe de susan.

Carne fripta

Pentru 4 persoane
450g/1lb friptură slabă, feliată
60 ml / 4 linguri sos de soia

2 catei de usturoi, macinati
5 ml/1 lingurita sare
2,5 ml / ½ lingurita piper proaspat macinat
10 ml / 2 linguriţe de zahăr

Se amestecă toate ingredientele şi se lasă la marinat timp de 3 ore. Grătiţi sau prăjiţi pe un grătar încins timp de aproximativ 5 minute pe fiecare parte.

Carne de vită cantoneză

Pentru 4 persoane
30 ml / 2 linguri faina de porumb (amidon de porumb)
2 albusuri batute spuma
450g/1lb friptură, tăiată fâşii

ulei pentru prajit

4 tulpini de telina, feliate

2 cepe feliate

60 ml / 4 linguri de apă

20 ml / 4 linguriţe sare

75 ml / 5 linguri sos de soia

60 ml / 4 linguri vin de orez sau sherry uscat

30 ml / 2 linguri zahăr

piper proaspăt măcinat

Se amestecă jumătate din amidonul de porumb cu albuşurile. Adăugaţi friptura şi amestecaţi pentru a acoperi carnea cu aluat. Încinge uleiul şi prăjeşte friptura până se rumeneşte. Scoatem din tava si scurgem pe hartie de bucatarie. Se încălzeşte 15 ml/1 lingură ulei şi se prăjeşte ţelina şi ceapa timp de 3 minute. Adaugati carnea, apa, sarea, sosul de soia, vinul sau sherry si zaharul si asezonati cu piper. Se aduce la fierbere şi se fierbe, amestecând, până când sosul se îngroaşă.

Carne de vită cu morcovi

Pentru 4 persoane

30 ml / 2 linguri ulei de arahide

450 g/1 lb carne slabă de vită, tăiată cubuleţe

2 ceai (cei), feliaţi

2 catei de usturoi, macinati

1 felie radacina de ghimbir, tocata

250 ml / 8 fl oz / 1 cană sos de soia

30 ml / 2 linguri vin de orez sau sherry uscat

30 ml / 2 linguri zahăr brun

5 ml/1 lingurita sare

600 ml / 1 pt / 2 Ω cesti de apa

4 morcovi, tăiați în diagonală

Încinge uleiul și prăjește carnea până se rumenește ușor. Se scurge excesul de ulei si se adauga ceapa primavara, usturoiul, ghimbirul si anasonul, se prajesc 2 minute. Adăugați sosul de soia, vinul sau sherry, zahărul și sarea și amestecați bine. Adăugați apă, aduceți la fiert, acoperiți și fierbeți timp de 1 oră. Adăugați morcovii, acoperiți și fierbeți încă 30 de minute. Scoateți capacul și fierbeți până când sosul scade.

Carne de vită cu caju

Pentru 4 persoane

60 ml / 4 linguri ulei de arahide

450g/1lb friptură de muschi, feliată subțire

8 ceai (cei), tăiați în bucăți

2 catei de usturoi, macinati

1 felie radacina de ghimbir, tocata

75 g / 3 oz / ¬œ cană caju prăjite
120 ml / 4 fl oz / ¬Ω cană de apă
20 ml / 4 lingurițe de făină de porumb (amidon de porumb)
20 ml / 4 lingurite sos de soia
5 ml/1 lingurita ulei de susan
5 ml/1 lingurita sos de stridii
5 ml/1 lingurita sos chili

Se încălzește jumătate din ulei și se prăjește carnea până se rumenește ușor. Scoateți din tigaie. Încinge uleiul rămas și căliți ceapa, usturoiul, ghimbirul și caju pentru 1 minut. Întoarceți carnea în tigaie. Se amestecă ingredientele rămase și se amestecă amestecul în tigaie. Se aduce la fierbere și se fierbe, amestecând, până când amestecul se îngroașă.

Caserolă cu carne de vită la fierbere lentă

Pentru 4 persoane

30 ml / 2 linguri ulei de arahide
450g/1lb carne tocană, tăiată cubulețe
3 felii de rădăcină de ghimbir, tocate
3 morcovi tăiați felii
1 nap, cuburi
15 ml / 1 lingură curmale negre, cu sâmburi
15 ml / 1 lingură semințe de lotus

30 ml / 2 linguri piure de roşii (pastă)
10 ml / 2 linguri sare
900 ml / 1¬Ω puncte / 3¬œ căni bulion de vită
250 ml / 8 fl oz / 1 cană vin de orez sau sherry uscat

Se încălzeşte uleiul într-o tigaie sau o tigaie mare ignifugă şi se prăjeşte carnea până când se etanşează pe toate părţile.

Carne de vită cu conopidă

Pentru 4 persoane

225 g/8 oz bucheţe de conopidă
ulei pentru prajit
225g/8oz carne de vită, tăiată fâşii
50g/2oz muguri de bambus, tăiaţi în fâşii
10 castane de apă, tăiate fâşii
120 ml / 4 fl oz / ¬Ω cană bulion de pui
15 ml/1 lingura sos de soia
15 ml/1 lingura sos de stridii

15 ml / 1 lingura piure de rosii (pasta)
15 ml / 1 lingură făină de porumb (amidon de porumb)
2,5 ml / ¬Ω linguriță ulei de susan

Se fierbe conopida timp de 2 minute in apa clocotita si apoi se scurge. Se încălzește uleiul și se prăjește conopida până devine ușor aurie. Scoateți și scurgeți pe hârtie de bucătărie. Reîncălziți uleiul și prăjiți carnea până se rumenește ușor, apoi scoateți și scurgeți-o. Se toarnă ulei, cu excepția 15 ml/1 lingură și se călesc lăstarii de bambus și castanele de apă timp de 2 minute. Adăugați ingredientele rămase, aduceți la fiert și fierbeți, amestecând, până se îngroașă sosul. Întoarceți carnea de vită și conopida în tigaie și reîncălziți ușor. Serviți deodată.

Carne de vită cu țelină

Pentru 4 persoane

100 g/4 oz țelină, tăiată fâșii
45 ml / 3 linguri ulei de arahide (arahide).
2 ceai (cei), tocate
1 felie radacina de ghimbir, tocata
225g/8oz carne slabă de vită, tăiată fâșii
30 ml / 2 linguri sos de soia
30 ml / 2 linguri vin de orez sau sherry uscat
2,5 ml / ¬Ω lingurita zahar

2,5 ml / ½ linguriță sare

Se fierbe țelina în apă clocotită timp de 1 minut și apoi se scurge bine. Se incinge uleiul si se prajesc ceapa si ghimbirul pana devin usor aurii. Se adauga carnea si se caleste 4 minute. Adăugați țelina și căliți timp de 2 minute. Adăugați sosul de soia, vinul sau sherry, zahărul și sarea și puneți la sot timp de 3 minute.

Felii de vita prajite cu telina

Pentru 4 persoane

30 ml / 2 linguri ulei de arahide

450g/1lb carne macră de vită, feliată

3 tulpini de telina, rasa

1 ceapă, rasă

1 ceapă primăvară (ceapă), tăiată felii

1 felie radacina de ghimbir, tocata

30 ml / 2 linguri sos de soia

15 ml / 1 lingura vin de orez sau sherry uscat

2,5 ml / ½ lingurita zahar

2,5 ml / ¬Ω linguriță sare

10 ml / 2 lingurițe de făină de porumb (amidon de porumb)

30 ml / 2 linguri apă

Se încălzește jumătate din ulei până este foarte fierbinte și se prăjește carnea timp de 1 minut până se rumenește. Scoateți din tigaie. Încinge uleiul rămas și căliți țelina, ceapa, ceapa primăvară și ghimbirul până se înmoaie ușor. Întoarceți carnea în tigaia cu sosul de soia, vinul sau sherry, zahărul și sare, aduceți-o la fiert și prăjiți să se încălzească. Se amestecă făina de porumb și apa, se amestecă în tigaie și se fierbe până când sosul se îngroașă. Serviți deodată.

Carne de vită mărunțită cu pui și țelină

Pentru 4 persoane

4 ciuperci chinezești uscate

45 ml / 3 linguri ulei de arahide (arahide).

2 catei de usturoi, macinati

1 rădăcină de ghimbir feliată, tocată

5 ml/1 lingurita sare

100 g/4 oz carne slabă de vită, tăiată fâșii

100 g/4 oz pui, tăiat fâșii

2 morcovi, tăiați fâșii

2 tulpini de telina, taiate fasii

4 ceai (cei), tăiaţi în fâşii

5 ml/1 lingurita zahar

5 ml/1 lingurita sos de soia

5 ml / 1 linguriţă vin de orez sau sherry uscat

45 ml / 3 linguri de apă

5 ml / 1 lingurita faina de porumb (amidon de porumb)

Înmuiaţi ciupercile în apă caldă timp de 30 de minute şi apoi scurgeţi-le. Aruncaţi tulpinile şi tăiaţi vârfurile. Încinge uleiul şi căleşte usturoiul, ghimbirul şi sarea până devin uşor aurii. Se adauga carnea si puiul si se prajesc pana incepe sa se rumeneasca. Adăugaţi ţelina, ceaiul verde, zahărul, sosul de soia, vinul sau sherry şi apă şi aduceţi la fiert. Acoperiţi şi fierbeţi timp de aproximativ 15 minute până când carnea este fragedă. Se amestecă făina de porumb cu puţină apă, se amestecă în sos şi se fierbe la foc mic, amestecând, până se îngroaşă sosul.

Carne de vită cu Chile

Pentru 4 persoane

450g/1lb friptură de muschi, tăiată fâșii
45 ml / 3 linguri sos de soia
15 ml / 1 lingura vin de orez sau sherry uscat
15 ml/1 lingura zahar brun
15 ml / 1 lingura radacina de ghimbir tocata marunt
30 ml / 2 linguri ulei de arahide
50g/2oz muguri de bambus, tăiați în bețișoare
1 ceapa taiata fasii
1 baton de telina, taiat in betisoare de chibrit
2 ardei iute roșii, fără semințe și tăiați fâșii
120 ml / 4 fl oz / ¬Ω cană bulion de pui
15 ml / 1 lingură făină de porumb (amidon de porumb)

Pune friptura într-un castron. Amestecați sosul de soia, vinul sau sherry, zahărul și ghimbirul și amestecați în friptură. Lasam sa macereze 1 ora. Scoateți friptura din marinată. Se încălzește jumătate din ulei și se prăjesc lăstarii de bambus, ceapa, țelina și ardeiul iute timp de 3 minute apoi se scot din tigaie. Încinge uleiul rămas și prăjește friptura timp de 3 minute. Adaugam marinata, aducem la fiert si adaugam legumele prajite. Gatiti la foc mic, amestecand, timp de 2 minute. Se amestecă bulionul și făina de porumb și se adaugă în tigaie. Aduceți la fierbere și fierbeți, amestecând, până când sosul se limpezește și se îngroașă.

Carne de vită cu varză chinezească

Pentru 4 persoane

225 g/8 oz carne de vită slabă
30 ml / 2 linguri ulei de arahide
350 g/12 oz bok choy, ras
120 ml / 4 fl oz / ¬Ω cană bulion de vită
sare si piper proaspat macinat
10 ml / 2 linguriţe de făină de porumb (amidon de porumb)
30 ml / 2 linguri apă

Tăiaţi carnea în felii subţiri împotriva bobului. Încinge uleiul şi prăjeşte carnea până se rumeneşte. Adăugaţi bok choy şi soţiţi până se înmoaie ușor. Se adauga bulionul, se aduce la fiert si se condimenteaza cu sare si piper. Acoperiți și fierbeți timp de 4 minute până când carnea este fragedă. Se amestecă făina de porumb și apa, se amestecă în tigaie și se fierbe la foc mic, amestecând, până se îngroașă sosul.

Carne de vită Chop Suey

Pentru 4 persoane

3 tulpini de telina, feliate
100 g/4 oz muguri de fasole
100 g/4 oz buchete de broccoli
60 ml / 4 linguri ulei de arahide
3 ceai (cei), tocate
2 catei de usturoi, macinati
1 felie radacina de ghimbir, tocata
225g/8oz carne slabă de vită, tăiată fâșii
45 ml / 3 linguri sos de soia

15 ml / 1 lingura vin de orez sau sherry uscat

5 ml/1 lingurita sare

2,5 ml / ¬Ω lingurita zahar

piper proaspăt măcinat

15 ml / 1 lingură făină de porumb (amidon de porumb)

Se fierbe țelina, mugurii de fasole și broccoli în apă clocotită timp de 2 minute, apoi se scurg și se usucă. Se încălzește 45 ml/3 linguri de ulei și se călesc ceapa, usturoiul și ghimbirul până devin ușor aurii. Se adauga carnea si se caleste 4 minute. Scoateți din tigaie. Încinge uleiul rămas și prăjește legumele timp de 3 minute. Adăugați carnea, sosul de soia, vinul sau sherry, sare, zahărul și un praf de piper și puneți la sot timp de 2 minute. Se amestecă făina de porumb cu puțină apă, se amestecă în tigaie și se fierbe la foc mic, amestecând, până când sosul se limpezește și se îngroașă.

Carne de vită cu castraveți

Pentru 4 persoane

450g/1lb friptură de muschi, feliată subțire

45 ml / 3 linguri sos de soia

30 ml / 2 linguri faina de porumb (amidon de porumb)

60 ml / 4 linguri ulei de arahide

2 castraveti, curatati de coaja, fara samburi si feliati

60 ml / 4 linguri supă de pui

30 ml / 2 linguri vin de orez sau sherry uscat

sare si piper proaspat macinat

Pune friptura într-un castron. Se amestecă sosul de soia și făina de porumb și se adaugă la friptură. Lasam sa macereze 30 de minute. Se incinge jumatate din ulei si se prajesc castravetii timp de 3 minute pana se opaca, apoi se scot din tigaie. Se încălzește uleiul rămas și se prăjește friptura până se rumenește. Adăugați castraveții și căleți timp de 2 minute. Adăugați bulionul, vinul sau sherry și asezonați cu sare și piper. Aduceți la fierbere, acoperiți și fierbeți timp de 3 minute.

Chow Mein de vită

Pentru 4 persoane

750 g / 1 ¬Ω lb muschi de vita

2 cepe

45 ml / 3 linguri sos de soia

45 ml / 3 linguri vin de orez sau sherry uscat

15 ml / 1 lingura unt de arahide

5 ml/1 lingurita suc de lamaie

350 g/12 oz tăiței cu ou

60 ml / 4 linguri ulei de arahide

175 ml / 6 fl oz / ¬œ cană bulion de pui

15 ml / 1 lingură făină de porumb (amidon de porumb)

30 ml / 2 linguri sos de stridii

4 ceai (cei), tocate

3 tulpini de telina, feliate

100g/4oz ciuperci, feliate

1 ardei verde taiat fasii

100 g/4 oz muguri de fasole

Tăiați și aruncați grăsimea din carne. Tăiați de-a lungul bobului în felii subțiri. Tăiați ceapa în felii și separați straturile. Amestecați 15 ml/1 lingură sos de soia cu 15 ml/1 lingură vin sau sherry, unt de arahide și suc de lămâie. Adăugați carnea, acoperiți și lăsați-o să se odihnească 1 oră. Fierbeți tăițeii în apă clocotită aproximativ 5 minute sau până se înmoaie. Scurgeți bine. Se încălzește 15 ml / 1 lingură ulei, se adaugă 15 ml / 1 lingură sos de soia și tăițeii și se prăjesc timp de 2 minute până devin ușor aurii. Transferați pe o farfurie caldă de servire.

Amestecați restul de sos de soia și vinul sau sherry cu bulionul, mălaiul și sosul de stridii. Încinge 15 ml/1 lingură ulei și prăjește ceapa timp de 1 minut. Se adaugă țelina, ciupercile, ardeiul și mugurii de fasole și se călesc timp de 2 minute. Scoateți din wok. Se încălzește uleiul rămas și se prăjește carnea până se rumenește. Adăugați amestecul de bulion, aduceți la fierbere, acoperiți și fierbeți timp de 3 minute. Reveniți legumele în wok și fierbeți, amestecând, timp de aproximativ 4 minute până se încing. Se toarnă amestecul peste tăiței și se servește.

file de castravete

Pentru 4 persoane

450 g/1 lb friptură de muschi
10 ml / 2 lingurițe de făină de porumb (amidon de porumb)
10 ml / 2 lingurițe sare
2,5 ml / ¬Ω lingurita piper proaspat macinat
90 ml / 6 linguri ulei de arahide
1 ceapa tocata marunt
1 castravete, curatat de coaja si feliat
120 ml / 4 fl oz / ¬Ω cană bulion de vită

Tăiați fileul în fâșii și apoi în felii subțiri împotriva bobului. Se pune intr-un bol si se adauga amidonul de porumb, sare, piper si jumatate din ulei. Lasam sa macereze 30 de minute. Se încălzește uleiul rămas și se prăjește carnea și ceapa până devin ușor aurii. Adăugați castraveții și bulionul, aduceți la fierbere, acoperiți și fierbeți timp de 5 minute.

Curry de vita la cuptor

Pentru 4 persoane

45 ml / 3 linguri de unt

15 ml / 1 lingură pudră de curry

45 ml / 3 linguri făină simplă (universal)

375 ml / 13 fl oz / 1 Ω cani de lapte

15 ml/1 lingura sos de soia

sare si piper proaspat macinat

450g/1lb carne de vită fiartă, tocată

100 g/4 oz mazăre

2 morcovi tocati

2 cepe tocate

225 g/8 oz orez cu bob lung, fierbinte

1 ou fiert tare (fiert), feliat

Topiți untul, adăugați praful de curry și făina și gătiți timp de 1 minut. Adăugați laptele și sosul de soia, aduceți la fiert și fierbeți, amestecând, timp de 2 minute. Condimentați cu sare și piper. Adăugați carnea de vită, mazărea, morcovii și ceapa și amestecați bine pentru a se îmbrăca cu sosul. Adăugați orezul, apoi transferați amestecul într-o tavă de copt și coaceți într-un cuptor preîncălzit la 200 ∞C / 400 ∞F / marca gaz 6 timp de 20 de minute până când legumele sunt fragede. Se servesc ornat cu felii de ou fiert tare.

Pui prajit simplu

Pentru 4 persoane

1 piept de pui, feliat subțire

2 felii de rădăcină de ghimbir, tocate

2 ceai (cei), tocate

15 ml / 1 lingură făină de porumb (amidon de porumb)

15 ml / 1 lingura vin de orez sau sherry uscat

30 ml / 2 linguri apă

2,5 ml / ½ linguriță sare

45 ml / 3 linguri ulei de arahide (arahide).

100g/4oz muguri de bambus, feliați

100g/4oz ciuperci, feliate

100 g/4 oz muguri de fasole

15 ml/1 lingura sos de soia

5 ml/1 lingurita zahar

120 ml / 4 fl oz / ½ cană bulion de pui

Pune puiul într-un castron. Se amestecă ghimbirul, ceaiul verde, amidonul de porumb, vinul sau sherry, apa și sarea, se adaugă la pui și se lasă să stea 1 oră. Se încălzește jumătate din ulei și se prăjește puiul până devine ușor auriu, apoi se scoate din tigaie. Se încălzește uleiul rămas și se prăjesc lăstarii de bambus, ciupercile și mugurii de fasole timp de 4 minute. Adăugați sosul de soia, zahărul şi bulionul, aduceţi la fiert, acoperiţi şi fierbeţi timp de 5 minute până când legumele sunt fragede. Reveniţi puiul în tigaie, amestecaţi bine şi reîncălziţi uşor înainte de servire.

Pui în sos de roșii

Pentru 4 persoane

30 ml / 2 linguri ulei de arahide

5 ml/1 lingurita sare

2 catei de usturoi, macinati

450g/1lb pui, cubulețe

300 ml / ½ pt / 1¼ cani supa de pui

120 ml / 4 fl oz / ½ cană sos de roșii (ketchup)

15 ml / 1 lingură făină de porumb (amidon de porumb)

4 ceai (cei), feliați

Încinge uleiul cu sarea și usturoiul până când usturoiul devine ușor auriu. Se adauga puiul si se caleste pana se rumeneste usor. Adăugați cea mai mare parte din bulion, aduceți la fierbere, acoperiți și fierbeți timp de aproximativ 15 minute până când puiul este fraged. Se amestecă bulionul rămas în sosul de roșii și făina de porumb și se amestecă în tigaie. Gatiti la foc mic, amestecand, pana cand sosul se ingroasa si se limpezeste. Dacă sosul este prea subțire, lăsați-l să fiarbă puțin până scade. Adaugati ceapa si fierbeti 2 minute inainte de servire.

Pui cu rosii

Pentru 4 persoane

225g/8oz pui, tăiat cubulețe

15 ml / 1 lingură făină de porumb (amidon de porumb)

15 ml/1 lingura sos de soia

15 ml / 1 lingura vin de orez sau sherry uscat

45 ml / 3 linguri ulei de arahide (arahide).

1 ceapa taiata cubulete

60 ml / 4 linguri supă de pui

5 ml/1 lingurita sare

5 ml/1 lingurita zahar

2 rosii, decojite si taiate cubulete

Amestecați puiul cu amidonul de porumb, sosul de soia și vinul sau sherry și lăsați-l să se odihnească timp de 30 de minute. Se încălzește uleiul și se prăjește puiul până la culoare. Adăugați ceapa și căleți până se înmoaie. Se adauga bulionul, sarea si zaharul, se aduce la fiert si se amesteca usor la foc mic pana ce puiul este fiert. Adăugați roșiile și amestecați până se încălzesc.

Pui poșat cu roșii

Pentru 4 persoane

4 portii de pui

4 rosii, decojite si taiate in patru

15 ml / 1 lingura vin de orez sau sherry uscat
15 ml / 1 lingura ulei de arahide
sare

Puneti puiul intr-o tigaie si acoperiti cu apa rece. Aduceți la fierbere, acoperiți și fierbeți timp de 20 de minute. Adăugați roșiile, vinul sau sherry, uleiul și sarea, acoperiți și fierbeți încă 10 minute până când puiul este gătit. Așezați puiul pe o farfurie de servire încălzită și tăiați în bucăți pentru a servi. Reîncălziți sosul și turnați peste pui pentru a servi.

Pui și roșii cu sos de fasole neagră

Pentru 4 persoane

45 ml / 3 linguri ulei de arahide (arahide).
1 cățel de usturoi zdrobit

45 ml / 3 linguri sos de fasole neagra
225g/8oz pui, tăiat cubulețe
15 ml / 1 lingura vin de orez sau sherry uscat
5 ml/1 lingurita zahar
15 ml/1 lingura sos de soia
90 ml / 6 linguri supă de pui
3 rosii, decojite si taiate in patru
10 ml / 2 lingurițe de făină de porumb (amidon de porumb)
45 ml / 3 linguri de apă

Încinge uleiul și prăjește usturoiul timp de 30 de secunde. Adăugați sosul de fasole neagră și prăjiți timp de 30 de secunde apoi adăugați puiul și amestecați până se îmbracă bine în ulei. Adăugați vinul sau sherry, zahărul, sosul de soia și bulionul, aduceți la fiert, acoperiți și fierbeți timp de aproximativ 5 minute până când puiul este fiert. Se amestecă făina de porumb și apa într-o pastă, se amestecă în tigaie și se fierbe la foc mic, amestecând, până când sosul se limpezește și se îngroașă.

Pui gătit rapid cu legume

Pentru 4 persoane

1 albus de ou
50 g/2 oz făină de porumb (amidon de porumb)
225g/8oz piept de pui, tăiat fâșii

75 ml / 5 linguri ulei de arahide (arahide).
200 g/7 oz muguri de bambus, tăiați în fâșii
50 g/2 oz muguri de fasole
1 ardei verde taiat fasii
3 ceai (cei), feliați
1 felie radacina de ghimbir, tocata
1 catel de usturoi, tocat
15 ml / 1 lingura vin de orez sau sherry uscat

Bateți albușul și amidonul de porumb și înmuiați fâșiile de pui în amestec. Se încălzește uleiul la cald și se prăjește puiul pentru câteva minute până când este fiert. Scoateți din tigaie și scurgeți bine. Adăugați în tigaie lăstarii de bambus, mugurii de fasole, ardeiul gras, ceapa, ghimbirul și usturoiul și prăjiți timp de 3 minute. Adăugați vinul sau sherry și întoarceți puiul în tigaie. Se amestecă bine și se încălzește înainte de servire.

Pui cu nuci

Pentru 4 persoane

45 ml / 3 linguri ulei de arahide (arahide).
2 ceai (cei), tocate
1 felie radacina de ghimbir, tocata
450g/1lb piept de pui, feliat foarte subțire
50 g/2 oz șuncă, mărunțită

30 ml / 2 linguri sos de soia
30 ml / 2 linguri vin de orez sau sherry uscat
5 ml/1 lingurita zahar
5 ml/1 lingurita sare
100 g / 4 oz / 1 cană nuci, tocate

Se încălzeşte uleiul şi se prăjeşte ceapa şi ghimbirul timp de 1 minut. Se adauga puiul si sunca si se prajesc 5 minute pana aproape fierte. Adăugaţi sosul de soia, vinul sau sherry, zahărul şi sarea şi puneţi la sot timp de 3 minute. Adăugaţi nucile şi căleţi timp de 1 minut până când ingredientele sunt bine amestecate.

Pui cu nuci

Pentru 4 persoane

100 g / 4 oz / 1 cană nuci decojite, tăiate la jumătate
ulei pentru prajit
45 ml / 3 linguri ulei de arahide (arahide).
2 felii de rădăcină de ghimbir, tocate
225g/8oz pui, tăiat cubuleţe
100g/4oz muguri de bambus, feliaţi
75 ml / 5 linguri supă de pui

Pregătiți nucile, încălziți uleiul și prăjiți nucile până se rumenesc și se scurg bine. Încinge uleiul de arahide și prăjește ghimbirul timp de 30 de secunde. Se adauga puiul si se caleste pana se rumeneste usor. Adăugați ingredientele rămase, aduceți la fiert și fierbeți, amestecând, până când puiul este fiert.

Pui cu castane de apa

Pentru 4 persoane

45 ml / 3 linguri ulei de arahide (arahide).
2 catei de usturoi, macinati
2 ceai (cei), tocate
1 felie radacina de ghimbir, tocata
225g/8oz piept de pui, feliat
100g/4oz castane de apă, feliate
45 ml / 3 linguri sos de soia
15 ml / 1 lingura vin de orez sau sherry uscat
5 ml / 1 lingurita faina de porumb (amidon de porumb)

Încinge uleiul și călește usturoiul, ceapă și ghimbirul până devin ușor aurii. Se adauga puiul si se caleste 5 minute. Adăugați castanele de apă și căliți timp de 3 minute. Se adaugă sosul de soia, vinul sau sherry și făina de porumb și se călesc timp de aproximativ 5 minute până când puiul este gătit.

Pui sarat cu castane de apa

Pentru 4 persoane

30 ml / 2 linguri ulei de arahide

4 bucati de pui

3 ceai (cei), tocate

2 catei de usturoi, macinati

1 felie radacina de ghimbir, tocata

250 ml / 8 fl oz / 1 cană sos de soia

30 ml / 2 linguri vin de orez sau sherry uscat

30 ml / 2 linguri zahăr brun

5 ml/1 lingurita sare

375 ml / 13 fl oz / 1¼ cani de apă

225g/8oz castane de apă, feliate

15 ml / 1 lingură făină de porumb (amidon de porumb)

Încinge uleiul şi prăjeşte bucăţile de pui până se rumenesc. Adaugati ceapa, usturoiul si ghimbirul si caliti 2 minute. Adăugaţi sosul de soia, vinul sau sherry, zahărul şi sarea şi amestecaţi bine. Adăugaţi apa şi aduceţi la fiert, acoperiţi şi fierbeţi timp de 20 de minute. Adăugaţi castanele de apă, acoperiţi şi gătiţi încă 20 de minute. Se amestecă făina de porumb cu puţină apă, se amestecă în sos şi se fierbe la foc mic, amestecând, până când sosul se limpezeşte şi se îngroaşă.

wonton de pui

Pentru 4 persoane

4 ciuperci chinezești uscate
450g/1lb piept de pui, tocat
225g/8oz amestec de legume, tocate
1 ceapă de primăvară (ceapă), tocată
15 ml/1 lingura sos de soia
2,5 ml / ½ linguriță sare
40 de piei wonton
1 ou bătut

Înmuiați ciupercile în apă caldă timp de 30 de minute și apoi scurgeți-le. Aruncați tulpinile și tăiați vârfurile. Se amestecă cu puiul, legumele, sosul de soia și sarea.

Pentru a plia wonton-urile, țineți pielea în palma mâinii stângi și puneți niște umplutură în centru. Umeziți marginile cu ou și pliați coaja într-un triunghi, sigilând marginile. Umeziți colțurile cu ou și răsuciți.

Aduceți o cratiță cu apă la fiert. Adăugați wonton-urile și fierbeți timp de aproximativ 10 minute până când plutesc până deasupra.

Aripioare de pui crocante

Pentru 4 persoane

900 g/2 lb aripioare de pui
60 ml / 4 linguri vin de orez sau sherry uscat
60 ml / 4 linguri sos de soia
50 g / 2 oz / ½ cană făină de porumb (amidon de porumb)
ulei de arahide pentru prajit

Puneți aripioarele de pui într-un castron. Se amestecă ingredientele rămase și se toarnă peste aripioarele de pui, amestecând bine pentru a le îmbrăca cu sosul. Acoperiți și lăsați să stea 30 de minute. Încinge uleiul și prăjește puiul câte puțin până când este fiert și maro închis. Scurge bine pe hartie de bucatarie si tine la cald in timp ce prajesti puiul ramas.

Aripioare de pui cu cinci condimente

Pentru 4 persoane

30 ml / 2 linguri ulei de arahide

2 catei de usturoi, macinati

450 g/1 lb aripioare de pui

250 ml / 8 fl oz / 1 cană bulion de pui

30 ml / 2 linguri sos de soia

5 ml/1 lingurita zahar

5 ml/1 linguriță pudră de cinci condimente

Încinge uleiul și usturoiul până când usturoiul devine ușor auriu. Se adauga puiul si se caleste pana se rumeneste usor. Adăugați ingredientele rămase, amestecând bine și aduceți la fierbere. Acoperiți și fierbeți timp de aproximativ 15 minute până când puiul este gătit. Scoateți capacul și continuați să fierbeți, amestecând din când în când, până când aproape tot lichidul s-a evaporat. Serviți cald sau rece.

Aripioare de pui marinate

Pentru 4 persoane

45 ml / 3 linguri sos de soia

45 ml / 3 linguri vin de orez sau sherry uscat

30 ml / 2 linguri zahăr brun

5 ml / 1 linguriță rădăcină de ghimbir rasă

2 catei de usturoi, macinati

6 ceai (cei), feliați

450 g/1 lb aripioare de pui

30 ml / 2 linguri ulei de arahide

225g/8oz muguri de bambus, feliați

20 ml / 4 lingurițe de făină de porumb (amidon de porumb)

175 ml / 6 fl oz / ¾ cană supă de pui

Amestecați sosul de soia, vinul sau sherry, zahărul, ghimbirul, usturoiul și ceapa. Adăugați aripioarele de pui și amestecați pentru a se acoperi complet. Acoperiți și lăsați să stea 1 oră, amestecând din când în când. Se încălzește uleiul și se prăjesc lăstarii de bambus timp de 2 minute. Scoate-le din tigaie. Scurgeți puiul și ceapa, rezervând marinada. Reîncălziți uleiul și prăjiți puiul până se rumenește pe toate părțile. Acoperiți și gătiți încă 20 de minute până când puiul este fraged. Amestecați amidonul de porumb cu bulionul și marinada rezervată. Se toarnă peste pui și se aduce la fierbere, amestecând, până se îngroașă sosul. Adăugați lăstarii de bambus și fierbeți, amestecând, încă 2 minute.

Aripioare de pui adevărate

Pentru 4 persoane

12 aripioare de pui

250 ml / 8 fl oz / 1 cană ulei de arahide (arahide).

15 ml/1 lingură zahăr granulat

2 ceai (cei), tăiați în bucăți

5 felii de rădăcină de ghimbir

5 ml/1 lingurita sare

45 ml / 3 linguri sos de soia

250 ml / 8 fl oz / 1 cană vin de orez sau sherry uscat

250 ml / 8 fl oz / 1 cană bulion de pui

10 felii de muguri de bambus

15 ml / 1 lingură făină de porumb (amidon de porumb)

15 ml / 1 lingură apă

2,5 ml / ½ linguriță ulei de susan

Se fierb aripioarele de pui în apă clocotită timp de 5 minute și apoi se scurg bine. Se incinge uleiul, se adauga zaharul si se amesteca pana se topeste si devine auriu. Adăugați puiul, ceaiul verde, ghimbirul, sarea, sosul de soia, vinul și bulionul, aduceți la fiert și fierbeți timp de 20 de minute. Adăugați lăstarii de bambus și fierbeți timp de 2 minute sau până când lichidul s-a evaporat aproape complet. Se amestecă făina de porumb cu apa, se amestecă în tigaie și se amestecă până se îngroașă. Transferați aripioarele de pui pe o farfurie caldă de servire și serviți stropite cu ulei de susan.

Aripioare de pui cu condimente

Pentru 4 persoane

30 ml / 2 linguri ulei de arahide
5 ml/1 lingurita sare
2 catei de usturoi, macinati
900 g/2 lb aripioare de pui
30 ml / 2 linguri vin de orez sau sherry uscat
30 ml / 2 linguri sos de soia
30 ml / 2 linguri piure de roșii (pastă)
15 ml / 1 lingură sos Worcestershire

Se incinge uleiul, sarea si usturoiul si se prajesc pana usturoiul devine usor auriu. Adăugați aripioarele de pui și prăjiți, amestecând des, timp de aproximativ 10 minute, până când devin aurii și aproape fierte. Adăugați ingredientele rămase și prăjiți aproximativ 5 minute până când puiul este crocant și gătit.

pulpe de pui la gratar

Pentru 4 persoane

16 pulpe de pui
30 ml / 2 linguri vin de orez sau sherry uscat
30 ml / 2 linguri otet de vin
30 ml / 2 linguri ulei de măsline
sare si piper proaspat macinat
120 ml / 4 fl oz / ½ cană suc de portocale
30 ml / 2 linguri sos de soia
30 ml / 2 linguri miere
15 ml/1 lingura suc de lamaie
2 felii de rădăcină de ghimbir, tocate
120 ml / 4 fl oz / ½ cană sos chili

Se amestecă toate ingredientele cu excepția sosului chili, se acopera și se lasă la marinat la frigider peste noapte. Scoateți puiul din marinată și puneți la grătar sau la grătar timp de aproximativ 25 de minute, întorcându-l și ungeți cu sosul de chili pe măsură ce se gătește.

Pulpe de pui Hoisin

Pentru 4 persoane

8 pulpe de pui
600 ml / 1 pct / 2½ căni supă de pui
sare si piper proaspat macinat
250 ml / 8 fl oz / 1 cană sos hoisin
30 ml / 2 linguri făină simplă (universal)
2 oua batute
100 g / 4 oz / 1 cană pesmet
ulei pentru prajit

Puneți butoaiele și bulionul într-o cratiță, aduceți la fierbere, acoperiți și fierbeți timp de 20 de minute până sunt fierte. Scoateți puiul din tigaie și uscați-l cu hârtie de bucătărie. Puneti puiul intr-un bol si asezonati cu sare si piper. Se toarnă peste sosul hoisin și se lasă la marinat 1 oră. A se scurge. Se pune puiul în făină, apoi se unge cu ouă și pesmet, apoi din nou oul și pesmet. Se încălzește uleiul și se prăjește puiul aproximativ 5 minute până se rumenește. Se scurge pe hartie de bucatarie si se serveste cald sau rece.

Pui înăbuşit

Pentru 4 până la 6 porții

75 ml / 5 linguri ulei de arahide (arahide).

1 pui

3 ceai (cei), feliați

3 felii de rădăcină de ghimbir

120 ml / 4 fl oz / ½ cană sos de soia

30 ml / 2 linguri vin de orez sau sherry uscat

5 ml/1 lingurita zahar

Încinge uleiul şi prăjeşte puiul până se rumeneşte. Adaugati ceapa, ghimbirul, sosul de soia si vinul sau sherry si aduceti la fiert. Acoperiți şi fierbeți timp de 30 de minute, întorcându-le din când în când. Adăugați zahărul, acoperiți şi fierbeți încă 30 de minute până când puiul este gătit.

Pui prajit crocant

Pentru 4 persoane

1 pui

sare

30 ml / 2 linguri vin de orez sau sherry uscat

3 ceai (opați), tăiați cubulețe

1 felie de rădăcină de ghimbir

30 ml / 2 linguri sos de soia

30 ml / 2 linguri zahăr

5 ml / 1 linguriță cuișoare întregi

5 ml/1 lingurita sare

5 ml / 1 lingurita boabe de piper

150 ml / ¼ pt / ½ cană generoasă bulion de pui

ulei pentru prajit

1 salata verde, rasa

4 roșii, feliate

½ castravete, feliat

Frecați puiul cu sare și lăsați-l să se odihnească timp de 3 ore. Clătiți și puneți într-un bol. Adăugați vinul sau sherry, ghimbirul, sosul de soia, zahărul, cuișoarele, sare, boabele de piper și bulionul și stropiți bine. Pune vasul într-un cuptor cu abur, acoperă și fierbe la abur timp de aproximativ 2 ¼ ore până când puiul este gătit. A se scurge. Se încălzește uleiul până se afumă, apoi se adaugă puiul și se prăjește până se rumenește. Se prăjește încă 5 minute, se scot din ulei și se scurge. Tăiați în bucăți și puneți pe o farfurie caldă de servire. Se ornează cu salată verde, roșii și castraveți și se servește cu un dressing de sare și piper.

Pui întreg prăjit

Pentru 5 portii

1 pui
10 ml / 2 linguriţe sare
15 ml / 1 lingura vin de orez sau sherry uscat
2 ceai (cei), tăiaţi în jumătate
3 felii de rădăcină de ghimbir, tăiate fâşii
ulei pentru prajit

Uscaţi puiul şi frecaţi pielea cu sare şi vin sau sherry. Puneţi ceapa şi ghimbirul în interiorul cavităţii. Agăţaţi puiul să se usuce într-un loc răcoros timp de aproximativ 3 ore. Încinge uleiul şi pune puiul într-un coş de prăjit. Coborati usor in ulei si ungeti continuu in interior si in exterior pana cand puiul este usor colorat. Scoateţi din ulei şi lăsaţi să se răcească puţin în timp ce reîncălziţi uleiul. Se prăjeşte din nou până se rumeneşte. Scurgeţi bine şi apoi tăiaţi în bucăţi.

Pui cu cinci condimente

Pentru 4 până la 6 porții

1 pui

120 ml / 4 fl oz / ½ cană sos de soia

2,5 cm/1 inch rădăcină de ghimbir, tocată

1 cățel de usturoi zdrobit

15 ml/1 lingură pudră de cinci condimente

30 ml / 2 linguri vin de orez sau sherry uscat

30 ml / 2 linguri miere

2,5 ml / ½ linguriță ulei de susan

ulei pentru prajit

30 ml / 2 linguri sare

5 ml / 1 lingurita piper proaspat macinat

Așezați puiul într-o cratiță mare și umpleți-l cu apă până la mijlocul coapsei. Rezervați 15 ml/1 lingură sos de soia și adăugați restul în tigaie cu ghimbir, usturoi și jumătate din pudra de cinci condimente. Aduceți la fierbere, acoperiți și fierbeți timp de 5 minute. Opriți focul și lăsați puiul să stea în apă până când apa este călduță. A se scurge.

Tăiați puiul în jumătate pe lungime și puneți-l cu partea tăiată în jos într-o tigaie. Amestecați sosul de soia rămas și pudra cu cinci condimente cu vinul sau sherry, mierea și uleiul de susan. Frecați amestecul peste pui și lăsați-l să stea timp de 2 ore, ungând din când în când cu amestecul. Încinge uleiul și prăjește jumătățile de pui timp de aproximativ 15 minute până când se rumenesc și sunt fierte. Se scurge pe hartie de bucatarie si se taie in bucati.

Între timp, amestecați sarea și piperul și încălziți într-o tigaie uscată pentru aproximativ 2 minute. Se serveste ca sos cu pui.

Pui cu ghimbir si arpagic

Pentru 4 persoane

1 pui

2 felii de rădăcină de ghimbir, tăiate fâșii

sare si piper proaspat macinat

90 ml / 4 linguri ulei de arahide

8 ceai (cei), tocati marunt

10 ml / 2 lingurițe de oțet de vin alb

5 ml/1 lingurita sos de soia

Pune puiul într-o cratiță mare, adaugă jumătate de ghimbir și toarnă apă cât să acopere aproape puiul. Condimentați cu sare și piper. Aduceți la fierbere, acoperiți și fierbeți timp de aproximativ 1¼ oră până când se înmoaie. Lasă puiul să stea în bulion până se răcește. Scurgeți puiul și puneți la frigider până se răcește. Tăiați în porții.

Răziți ghimbirul rămas și amestecați cu uleiul, ceapa, oțetul de vin și sosul de soia și sare și piper. Dați la frigider timp de 1 oră. Puneți bucățile de pui într-un castron de servire și turnați peste dressingul de ghimbir. Serviți cu orez aburit.

pui poșat

Pentru 4 persoane

1 pui

1,2 l / 2 puncte / 5 căni supă de pui sau apă

30 ml / 2 linguri vin de orez sau sherry uscat

4 ceai (cei), tocate

1 felie de rădăcină de ghimbir

5 ml/1 lingurita sare

Pune puiul într-o cratiță mare cu toate ingredientele rămase. Bulionul sau apa trebuie să ajungă la mijlocul coapsei. Aduceți la fiert, acoperiți și fierbeți timp de aproximativ 1 oră până când puiul este gătit. Scurgeți, rezervând bulionul pentru supe.

Pui gătit roșu

Pentru 4 persoane

1 pui

250 ml / 8 fl oz / 1 cană sos de soia

Puneti puiul intr-o tigaie, turnati peste sosul de soia si umpleti cu apa aproape ca sa acopere puiul. Aduceți la fierbere, acoperiți și fierbeți timp de aproximativ 1 oră până când puiul este gătit, întorcându-l din când în când.

Pui cu condimente gătit în roșu

Pentru 4 persoane

2 felii de rădăcină de ghimbir

2 arpagic

1 pui

3 cuişoare de anason stelat

½ baton de scortisoara

15 ml / 1 lingură boabe de piper Sichuan

75 ml / 5 linguri sos de soia

75 ml / 5 linguri vin de orez sau sherry uscat

75 ml / 5 linguri ulei de susan

15 ml/1 lingura zahar

Puneți ghimbirul și ceaiurile în interiorul cavității de pui și puneți puiul într-o tigaie. Leagă anasonul stelat, scorțișoară și boabe de piper într-o bucată de muselină și se adaugă în tigaie. Se toarnă peste sosul de soia, vinul sau sherry și uleiul de susan. Aduceți la fierbere, acoperiți și fierbeți timp de aproximativ 45 de minute. Adăugați zahăr, acoperiți și fierbeți încă 10 minute până când puiul este gătit.

Pui fript cu susan

Pentru 4 persoane

50 g/2 oz semințe de susan

1 ceapa tocata marunt

2 catei de usturoi, tocati

10 ml / 2 lingurițe sare

1 ardei iute roșu uscat, zdrobit

un praf de cuisoare macinate

2,5 ml / ½ linguriță cardamom măcinat

2,5 ml / ½ linguriță ghimbir măcinat

75 ml / 5 linguri ulei de arahide (arahide).

1 pui

Amestecați toate condimentele și uleiul și ungeți puiul. Puneți într-o tavă și adăugați 30 ml/2 linguri de apă în tavă. Se prăjește într-un cuptor preîncălzit la 180°C/350°F/gaz 4 timp de aproximativ 2 ore, ungând și răsturnând puiul din când în când, până când devine maro auriu și fiert. Adăugați puțină apă, dacă este necesar, pentru a evita arderea.

Pui în sos de soia

Pentru 4 până la 6 porții

300 ml / ½ pt / 1 ¼ cani sos de soia

300 ml / ½ pt / 1 ¼ cană vin de orez sau sherry uscat

1 ceapa tocata

3 felii de rădăcină de ghimbir, tocate

50 g / 2 oz / ¼ cană zahăr

1 pui
15 ml / 1 lingură făină de porumb (amidon de porumb)
60 ml / 4 linguri de apă
1 castravete, curatat de coaja si feliat
30 ml / 2 linguri patrunjel proaspat tocat

Se amestecă într-o cratiță sosul de soia, vinul sau sherry, ceapa, ghimbirul și zahărul și se aduce la fierbere. Adăugați puiul, reveniți la fierbere, acoperiți și fierbeți timp de 1 oră, întorcând puiul din când în când, până când este fiert. Transferați puiul pe o farfurie caldă de servire și tăiați-l. Turnați totul, cu excepția 250 ml / 8 fl oz / 1 cană de lichid de gătit și întoarceți la fierbere. Se amestecă făina de porumb și apa într-o pastă, se amestecă în tigaie și se fierbe la foc mic, amestecând, până când sosul se limpezește și se îngroașă. Peste pui se intinde putin sos si se orneaza puiul cu castraveti si patrunjel. Servește sosul rămas separat.

pui la aburi

Pentru 4 persoane

1 pui
45 ml / 3 linguri vin de orez sau sherry uscat
sare
2 felii de rădăcină de ghimbir

2 arpagic

250 ml / 8 fl oz / 1 cană bulion de pui

Așezați puiul într-un bol termorezistent și frecați-l cu vin sau sherry și sare și puneți ghimbirul și arpagicul în interiorul cavității. Pune vasul pe un gratar într-un cuptor cu abur, acoperă și fierbe la abur peste apă clocotită timp de aproximativ 1 oră până când este fiert. Serviți cald sau rece.

Pui la abur cu anason

Pentru 4 persoane

250 ml / 8 fl oz / 1 cană sos de soia

250 ml / 8 fl oz / 1 cană apă

15 ml/1 lingura zahar brun

4 cuișoare de anason stelat

1 pui

Amestecați sosul de soia, apa, zahărul și anasonul într-o cratiță și aduceți la fierbere la foc mic. Pune puiul într-un castron și presară amestecul bine în interior și în exterior. Reîncălziți amestecul și repetați. Pune puiul într-un bol termorezistent. Pune vasul pe un gratar într-un cuptor cu abur, acoperă și fierbe la abur peste apă clocotită timp de aproximativ 1 oră până când este fiert.

Pui cu gust ciudat

Pentru 4 persoane

1 pui
5 ml/1 lingurita radacina de ghimbir tocata
5 ml/1 lingurita de usturoi tocat
45 ml / 3 linguri sos de soia gros
5 ml/1 lingurita zahar
2,5 ml / ½ linguriță oțet de vin

10 ml / 2 lingurite sos de susan

5 ml / 1 lingurita piper proaspat macinat

10 ml / 2 linguriţe ulei de chili

½ salata verde, rasa

15 ml / 1 lingură coriandru proaspăt tocat

Puneti puiul intr-o tigaie si umpleti cu apa pana ajunge la jumatatea pulpelor de pui. Aduceţi la fierbere, acoperiţi şi fierbeţi timp de aproximativ 1 oră până când puiul este fraged. Scoateţi din tigaie şi scurgeţi bine şi înmuiaţi în apă cu gheaţă până când carnea se răceşte complet. Se scurge bine si se taie in 5 cm/2 bucati. Se amesteca toate ingredientele ramase si se toarna peste pui. Serviţi ornat cu salată verde şi coriandru.

Bucăţi crocante de pui

Pentru 4 persoane

100 g/4 oz făină simplă (universal)

vârf de cuţit de sare

15 ml / 1 lingură apă

1 ou

350 g/12 oz pui gătit, tăiat cubuleţe

ulei pentru prajit

Amestecați făina, sarea, apa și oul până obțineți un aluat destul de tare, adăugând puțină apă dacă este necesar. Înmuiați bucățile de pui în aluat până când sunt bine acoperite. Încinge uleiul până este foarte fierbinte și prăjește puiul câteva minute până devine crocant și auriu.

Pui cu fasole verde

Pentru 4 persoane

45 ml / 3 linguri ulei de arahide (arahide).

450g/1lb pui fiert, tocat

5 ml/1 lingurita sare

2,5 ml / ½ linguriță piper proaspăt măcinat

225g/8oz fasole verde, tăiată în bucăți

1 tulpină de țelină, tăiată în diagonală

225g/8oz ciuperci, feliate

250 ml / 8 fl oz / 1 cană bulion de pui

30 ml / 2 linguri faina de porumb (amidon de porumb)

60 ml / 4 linguri de apă

10 ml / 2 lingurite sos de soia

Se incinge uleiul si se prajeste puiul, se condimenteaza cu sare si piper pana se rumeneste putin. Adăugați fasolea, țelina și ciupercile și amestecați bine. Adăugați bulionul, aduceți la fierbere, acoperiți și fierbeți timp de 15 minute. Se amestecă făina de porumb, apa și sosul de soia într-o pastă, se amestecă în tigaie și se fierbe la foc mic, amestecând, până când sosul se limpezește și se îngroașă.

Pui fiert cu ananas

Pentru 4 persoane

45 ml / 3 linguri ulei de arahide (arahide).

225g/8oz pui gătit, tăiat cubulețe

sare si piper proaspat macinat

2 tulpini de telina, taiate in diagonala

3 felii de ananas, tăiate în bucăți

120 ml / 4 fl oz / ½ cană bulion de pui

15 ml/1 lingura sos de soia

10 ml / 2 linguri faina de porumb (amidon de porumb)

30 ml / 2 linguri apă

Încinge uleiul și prăjește puiul până devine ușor auriu. Se condimentează cu sare și piper, se adaugă țelina și se prăjește 2 minute. Adăugați ananasul, bulionul și sosul de soia și amestecați câteva minute până se încălzesc. Se amestecă făina de porumb și apa într-o pastă, se amestecă în tigaie și se fierbe la foc mic, amestecând, până când sosul se limpezește și se îngroașă.

Pui cu ardei si rosii

Pentru 4 persoane

45 ml / 3 linguri ulei de arahide (arahide).
450g/1lb pui fiert, feliat
10 ml / 2 lingurițe sare
5 ml / 1 lingurita piper proaspat macinat
1 ardei verde taiat bucati
4 roșii mari, decojite și tăiate felii
250 ml / 8 fl oz / 1 cană bulion de pui
30 ml / 2 linguri faina de porumb (amidon de porumb)
15 ml/1 lingura sos de soia
120 ml / 4 fl oz / ½ cană apă

Încinge uleiul și prăjește puiul, asezonează cu sare și piper până se rumenește. Adăugați ardeii și roșiile. Se toarnă bulionul, se aduce la fierbere, se acoperă și se fierbe timp de 15 minute. Se amestecă făina de porumb, sosul de soia și apa într-o pastă, se amestecă în tigaie și se fierbe la foc mic, amestecând, până când sosul se limpezește și se îngroașă.

Pui cu susan

Pentru 4 persoane

450g/1lb pui fiert, tăiat fâșii
2 felii de ghimbir tocat marunt
1 ceapă primăvară (ceapă), tocată mărunt
sare si piper proaspat macinat
60 ml / 4 linguri vin de orez sau sherry uscat
60 ml / 4 linguri ulei de susan
10 ml / 2 lingurițe de zahăr
5 ml/1 lingurita otet de vin
150 ml / ¼ pt / ½ cană generos sos de soia

Aşezaţi puiul pe o farfurie de servire şi stropiţi cu ghimbir, ceapă verde, sare şi piper. Amestecaţi vinul sau sherry, uleiul de susan, zahărul, oţetul de vin şi sosul de soia. Se toarnă peste pui.

puşini prăjiţi

Pentru 4 persoane

2 puşini, tăiaţi în jumătate

45 ml / 3 linguri sos de soia

45 ml / 3 linguri vin de orez sau sherry uscat

120 ml / 4 fl oz / ½ cană ulei de arahide (arahide).

1 ceapă primăvară (ceapă), tocată mărunt

30 ml / 2 linguri supă de pui

10 ml / 2 linguriţe de zahăr

5 ml/1 lingurita ulei de chili

5 ml/1 lingurita pasta de usturoi

sare si piper

Puneți pușinele într-un castron. Se amestecă sosul de soia și vinul sau sherry, se toarnă peste pușini, se acoperă și se lasă la marinat timp de 2 ore, ungând frecvent. Încinge uleiul și prăjește pușinele timp de aproximativ 20 de minute până când sunt fierte. Scoateți-le din tigaie și reîncălziți uleiul. Pune-le înapoi în tigaie și prăjești până se rumenesc. Scurgeți cea mai mare parte a uleiului. Se amestecă ingredientele rămase, se adaugă în tigaie și se încălzește rapid. Turnați peste pousins înainte de servire.

Turcia cu Mangetout

Pentru 4 persoane

60 ml / 4 linguri ulei de arahide

2 ceai (cei), tocate

2 catei de usturoi, macinati

1 felie radacina de ghimbir, tocata

225g/8oz piept de curcan, tăiat fâșii

225 g / 8 oz mazăre de zăpadă

100 g/4 oz muguri de bambus, tăiați în fâșii

50g/2oz castane de apă, tăiate fâșii

45 ml / 3 linguri sos de soia

15 ml / 1 lingura vin de orez sau sherry uscat

5 ml/1 lingurita zahar

5 ml/1 lingurita sare

15 ml / 1 lingură făină de porumb (amidon de porumb)

Se încălzeşte 45 ml/3 linguri de ulei şi se călesc ceapa, usturoiul şi ghimbirul până devin uşor aurii. Se adauga curcanul si se caleste 5 minute. Scoateţi din tavă şi lăsaţi deoparte. Încinge uleiul rămas şi prăjeşte mazărea de zăpadă, lăstarii de bambus şi castanele de apă timp de 3 minute. Adăugaţi sosul de soia, vinul sau sherry, zahărul şi sarea şi întoarceţi curcanul în tigaie. Se caleste timp de 1 minut. Se amestecă făina de porumb cu puţină apă, se amestecă în tigaie şi se fierbe la foc mic, amestecând, până când sosul se limpezeşte şi se îngroaşă.

Curcan cu ardei

Pentru 4 persoane

4 ciuperci chinezești uscate
30 ml / 2 linguri ulei de arahide
1 bok choy, tăiat fâșii
350 g/12 oz curcan afumat, tăiat fâșii
1 ceapa taiata felii
1 ardei rosu taiat fasii
1 ardei verde taiat fasii
120 ml / 4 fl oz / ½ cană bulion de pui
30 ml / 2 linguri piure de roșii (pastă)
45 ml / 3 linguri otet de vin
30 ml / 2 linguri sos de soia
15 ml/1 lingura sos hoisin
10 ml / 2 lingurițe de făină de porumb (amidon de porumb)

câteva picături de ulei de ardei iute

Înmuiați ciupercile în apă caldă timp de 30 de minute și apoi scurgeți-le. Aruncați tulpinile și tăiați vârfurile în fâșii. Se încălzește jumătate din ulei și se prăjește varza pentru aproximativ 5 minute sau până când este fiartă. Scoateți din tigaie. Adăugați curcanul și prăjiți timp de 1 minut. Se adauga legumele si se calesc timp de 3 minute. Se amesteca bulionul cu piureul de rosii, otetul de vin si sosurile si se adauga in cratita cu varza. Amestecați amidonul de porumb cu puțină apă, amestecați în oală și aduceți la fierbere, amestecând. Stropiți cu ulei de chili și gătiți la foc mic timp de 2 minute, amestecând continuu.

friptură de curcan chinezesc

Se serveşte 8 până la 10

1 curcan mic
600 ml / 1 pt / 2½ căni apă fierbinte
10 ml / 2 linguriţe ienibahar
500 ml / 16 fl oz / 2 căni de sos de soia
5 ml/1 lingurita ulei de susan
10 ml / 2 linguriţe sare
45 ml / 3 linguri de unt

Puneti curcanul intr-o tigaie si turnati peste apa fierbinte. Adăugaţi restul ingredientelor cu excepţia untului şi lăsaţi să stea 1 oră, întorcându-se de mai multe ori. Scoateţi curcanul din lichid şi ungeţi cu unt. Se pune într-o tavă, se acoperă lejer cu hârtie de bucătărie şi se prăjeşte în cuptorul preîncălzit la 160°C/325°F/gaz marca 3 timp de aproximativ 4 ore, ungând din când în când cu lichidul de sos de soia. Scoateți folia și lăsați pielea să se croască în ultimele 30 de minute de gătit.

Curcan cu nuci si ciuperci

Pentru 4 persoane

450 g/1 lb file de piept de curcan

sare si piper

suc de 1 portocala

15 ml / 1 lingură făină simplă (universal)

12 nuci negre murate cu suc

5 ml / 1 lingurita faina de porumb (amidon de porumb)

15 ml / 1 lingura ulei de arahide

2 ceai (cei), tăiați cubulețe

225g/8oz ciuperci

45 ml / 3 linguri vin de orez sau sherry uscat

10 ml / 2 lingurite sos de soia

50 g / 2 oz / ½ cană unt

25 g/1 oz nuci de pin

Tăiați curcanul în felii groase de 1 cm/½. Stropiți cu sare, piper și suc de portocale și pudrați cu făină. Scurgeți și tăiați nucile în jumătate, rezervând lichidul, și amestecați lichidul cu amidonul de porumb. Se încălzește uleiul și se prăjește curcanul până se rumenește. Adaugati ceapa si ciupercile si caliti 2 minute. Adăugați vinul sau sherry și sosul de soia și fierbeți timp de 30 de secunde. Adăugați nucile în amestecul de făină de porumb, apoi amestecați-le în tigaie și aduceți la fierbere. Adăugați untul în fulgi mici, dar nu lăsați amestecul să fiarbă. Prăjiți nucile de pin într-o tigaie uscată până devin aurii. Transferați amestecul de curcan pe o farfurie de servire caldă și serviți ornat cu nuci de pin.

Rață cu muguri de bambus

Pentru 4 persoane

6 ciuperci chinezești uscate

1 rata

50g/2oz șuncă afumată, tăiată fâșii

100 g/4 oz muguri de bambus, tăiați în fâșii

2 ceai (cei), tăiați în fâșii

2 felii de rădăcină de ghimbir, tăiate fâșii

5 ml/1 lingurita sare

Înmuiați ciupercile în apă caldă timp de 30 de minute și apoi scurgeți-le. Aruncați tulpinile și tăiați vârfurile în fâșii. Puneți toate ingredientele într-un bol termorezistent și puneți-le într-o tigaie umplută cu apă până când ajung la două treimi din lungimea bolului. Se aduce la fierbere, se acoperă și se fierbe timp de aproximativ 2 ore până când rața este gătită, completând cu apă clocotită dacă este necesar.

Rață cu muguri de fasole

Pentru 4 persoane

225 g/8 oz muguri de fasole
45 ml / 3 linguri ulei de arahide (arahide).
450 g/1 lb carne de rață fiartă
15 ml/1 lingura sos de stridii
15 ml / 1 lingura vin de orez sau sherry uscat
30 ml / 2 linguri apă
2,5 ml / ½ linguriță sare

Se albesc mugurii de fasole in apa clocotita timp de 2 minute si apoi se scurg. Încinge uleiul, prăjește mugurii de fasole timp de 30 de secunde. Se adaugă rața, se călește până se încălzește. Adăugați ingredientele rămase și prăjiți timp de 2 minute pentru a se amesteca aromele. Serviți deodată.

Rață înăbușită

Pentru 4 persoane

4 ceai (cei), tocate
1 felie radacina de ghimbir, tocata
120 ml / 4 fl oz / ½ cană sos de soia
30 ml / 2 linguri vin de orez sau sherry uscat
1 rata
120 ml / 4 fl oz / ½ cană ulei de arahide (arahide).
600 ml / 1 pt / 2½ căni de apă
15 ml/1 lingura zahar brun

Amestecați ceapa verde, ghimbirul, sosul de soia și vinul sau sherry și frecați-l peste rață în interior și în exterior. Încinge uleiul și prăjește rața până se rumenește ușor pe toate părțile. Scurgeți uleiul. Adăugați apă și amestecul de sos de soia rămas, aduceți la fierbere, acoperiți și fierbeți timp de 1 oră. Adăugați zahărul, acoperiți și fierbeți încă 40 de minute până când rața este fragedă.

Rață la abur cu țelină

Pentru 4 persoane

350g/12oz rață fiartă, feliată
1 cap de telina
250 ml / 8 fl oz / 1 cană bulion de pui
2,5 ml / ½ linguriță sare
5 ml/1 lingurita ulei de susan
1 roșie, tăiată felii

Așezați rața pe un suport pentru aburi. Tăiați țelina în bucăți lungi de 7,5 cm/3 și puneți-o într-o tigaie. Se toarnă bulionul, se condimentează cu sare și se pune cuptorul cu abur peste tigaie. Aduceți bulionul la fiert și apoi fierbeți timp de aproximativ 15 minute până când țelina este fragedă și rața este încălzită. Așezați rața și țelina pe un platou de servire încălzit, stropiți țelina cu ulei de susan și serviți ornate cu felii de roșii.

Rață cu ghimbir

Pentru 4 persoane

350g/12oz piept de rata, feliat subtire
1 ou, batut usor
5 ml/1 lingurita sos de soia
5 ml / 1 lingurita faina de porumb (amidon de porumb)
5 ml/1 lingurita ulei de arahide
ulei pentru prajit
50 g/2 oz muguri de bambus
50 g/2 oz mazăre de zăpadă
2 felii de rădăcină de ghimbir, tocate
15 ml / 1 lingură apă
2,5 ml / ½ linguriță zahăr
2,5 ml / ½ linguriță vin de orez sau sherry uscat
2,5 ml / ½ linguriță ulei de susan

Se amestecă rata cu oul, sosul de soia, amidonul de porumb și uleiul și se lasă să se odihnească 10 minute. Încinge uleiul și prăjește rața și lăstarii de bambus până sunt fierte și aurii. Scoateți din tigaie și scurgeți bine. Se toarnă tot, cu excepția 15 ml/1 lingură de ulei din tigaie și se călește rața, lăstarii de bambus, mazărea de zăpadă, ghimbirul, apă, zahărul și vinul sau sherry timp de 2 minute. Se serveste stropita cu ulei de susan.

Rață cu fasole verde

Pentru 4 persoane

1 rata

60 ml / 4 linguri ulei de arahide

2 catei de usturoi, macinati

2,5 ml / ½ linguriță sare

1 ceapa tocata

15 ml / 1 lingură rădăcină de ghimbir ras

45 ml / 3 linguri sos de soia

120 ml / 4 fl oz / ½ cană vin de orez sau sherry uscat

60 ml / 4 linguri sos de rosii (ketchup)

45 ml / 3 linguri otet de vin

300 ml / ½ pt / 1 ¼ cani supa de pui

450g/1lb fasole verde, feliată

praf de piper proaspat macinat

5 picături de ulei de chili

15 ml / 1 lingură făină de porumb (amidon de porumb)

30 ml / 2 linguri apă

Tăiați rața în 8 sau 10 bucăți. Se încălzește uleiul și se prăjește rata până devine aurie. Transferați într-un castron. Adăugați usturoiul, sarea, ceapa, ghimbirul, sosul de soia, vinul sau sherry, sosul de roșii și oțetul de vin. Amestecați, acoperiți și marinați la frigider timp de 3 ore.

Reîncălziți uleiul, adăugați rața, bulionul și marinada, aduceți la fierbere, acoperiți și fierbeți timp de 1 oră. Adăugați fasolea, acoperiți și fierbeți timp de 15 minute. Adăugați ardeiul și uleiul de ardei iute. Se amestecă făina de porumb cu apa, se amestecă în tigaie și se fierbe la foc mic, amestecând, până se îngroașă sosul.

Rață prăjită la abur

Pentru 4 persoane

1 rata
sare si piper proaspat macinat
ulei pentru prajit
sos hoisin

Se condimentează rața cu sare și piper și se pune într-un bol termorezistent. Se pune într-o cratiță plină cu apă până ajunge la două treimi din recipientul, se aduce la fierbere, se acoperă și se fierbe timp de aproximativ 1 oră și jumătate până când rața este fragedă. Se scurge si se lasa sa se raceasca.

Încinge uleiul și prăjește rața până devine crocantă și aurie. Scoateți și scurgeți bine. Tăiați în bucăți mici și serviți cu sos hoisin.

Rață cu fructe exotice

Pentru 4 persoane

4 fileuri de piept de rata, taiate fasii
2,5 ml / ½ linguriță pudră de cinci condimente
30 ml / 2 linguri sos de soia
15 ml/1 lingura ulei de susan
15 ml / 1 lingura ulei de arahide
3 tulpini de telina, taiate cubulete
2 felii de ananas, taiate cubulete
100g/4oz pepene galben, tăiat cubulețe
100 g/4 oz lychees, tăiate la jumătate
130 ml / 4 fl oz / ½ cană bulion de pui
30 ml / 2 linguri piure de roșii (pastă)
30 ml / 2 linguri sos hoisin
10 ml / 2 lingurițe oțet de vin
praf de zahar brun

Pune rața într-un castron. Se amestecă pudra cu cinci condimente, sosul de soia și uleiul de susan, se toarnă peste rață și se lasă la marinat timp de 2 ore, amestecând din când în când. Încinge uleiul și prăjește rața timp de 8 minute. Scoateți din tigaie. Se adaugă țelina și fructele și se călesc timp de 5 minute.

Rata se pune inapoi in tigaie cu restul ingredientelor, se aduce la fiert si se fierbe, amestecand, timp de 2 minute inainte de servire.

Rață înăbușită cu frunze chinezești

Pentru 4 persoane

1 rata

30 ml / 2 linguri vin de orez sau sherry uscat

30 ml / 2 linguri sos hoisin

15 ml / 1 lingură făină de porumb (amidon de porumb)

5 ml/1 lingurita sare

5 ml/1 lingurita zahar

60 ml / 4 linguri ulei de arahide

4 ceai (cei), tocate

2 catei de usturoi, macinati

1 felie radacina de ghimbir, tocata

75 ml / 5 linguri sos de soia

600 ml / 1 pt / 2½ căni de apă

225g/8oz frunze chinezești, răzuite

Tăiați rața în aproximativ 6 bucăți. Amestecați vinul sau sherry, sosul hoisin, amidonul de porumb, sarea și zahărul și frecați rața. Se lasa sa se odihneasca 1 ora. Se incinge uleiul si se calesc ceapa, usturoiul si ghimbirul pentru cateva secunde. Se adaugă rața și se prăjește până se rumenește ușor pe toate părțile. Scurgeți orice exces de grăsime. Se toarnă sosul de soia și apa, se aduce la fierbere, se acoperă și se fierbe timp de aproximativ 30 de minute. Adăugați frunzele de porțelan, acoperiți din nou și fierbeți încă 30 de minute până când rața este fragedă.

rață beată

Pentru 4 persoane

2 ceai (cei), tocate

2 catei de usturoi, tocati

1,5 l / 2½ puncte / 6 căni de apă

1 rata

450 ml / ¾ pt / 2 cani de vin de orez sau sherry uscat

Puneti ceapa, usturoiul si apa intr-o oala mare si aduceti la fiert. Se adaugă rața, se pune la fiert, se acoperă și se fierbe timp de 45 de minute. Scurgeți bine, rezervând lichidul pentru bulion. Lăsați rața să se răcească și apoi dați la frigider peste noapte. Tăiați rața în bucăți și puneți-le într-un borcan mare cu capac cu șurub. Se toarnă peste vin sau sherry și se da la rece timp de aproximativ 1 săptămână înainte de a se scurge și a se servi rece.

Rață cu cinci condimente

Pentru 4 persoane

150 ml / ¼ pt / ½ cană generos de vin de orez sau sherry uscat
150 ml / ¼ pt / ½ cană generos sos de soia
1 rata
10 ml/2 lingurițe pudră de cinci condimente

Aduceți vinul sau sherry și sosul de soia la fiert. Adăugați rața și fierbeți, răsucind aproximativ 5 minute. Scoateți rata din tigaie și frecați pulberea cu cinci condimente în piele. Întoarceți pasărea în tigaie și adăugați suficientă apă pentru a acoperi pe jumătate rața. Aduceți la fierbere, acoperiți și fierbeți timp de aproximativ 1 1/2 oră până când rața este fragedă, întorcându-se și ungând frecvent. Tăiați rața în 5 cm/2 bucăți și serviți caldă sau rece.

Rață sotă cu ghimbir

Pentru 4 persoane

1 rata

2 felii rădăcină de ghimbir, rasă

2 ceai (cei), tocate

15 ml / 1 lingură făină de porumb (amidon de porumb)

30 ml / 2 linguri sos de soia

30 ml / 2 linguri vin de orez sau sherry uscat

2,5 ml / ½ linguriță sare

45 ml / 3 linguri ulei de arahide (arahide).

Scoateți carnea de pe oase și tăiați-o în bucăți. Amestecați carnea cu toate ingredientele rămase, cu excepția uleiului. Se lasa sa se odihneasca 1 ora. Încinge uleiul și prăjește rața în marinată timp de aproximativ 15 minute până când rața este fragedă.

Rață cu șuncă și praz

Pentru 4 persoane

1 rata

450 g/1 lb șuncă afumată

2 praz

2 felii de rădăcină de ghimbir, tocate

45 ml / 3 linguri vin de orez sau sherry uscat

45 ml / 3 linguri sos de soia

2,5 ml / ½ linguriță sare

Așezați rata într-o tigaie și acoperiți-o cu apă rece. Aduceți la fierbere, acoperiți și fierbeți timp de aproximativ 20 de minute. Scurgeți și rezervați 450 ml / ¾ puncte / 2 căni de bulion. Lasam rata sa se raceasca putin, apoi taiem carnea de pe oase si taiem patrate de 5 cm. Tăiați șunca în bucăți similare. Tăiați bucăți lungi de praz și rulați o felie de rață și șuncă în interiorul frunzei și legați-le cu sfoară. Puneți într-un recipient rezistent la căldură. Adăugați ghimbirul, vinul sau sherry, sosul de soia și sarea în bulionul rezervat și turnați peste rulourile de rață. Pune vasul într-o cratiță plină cu apă până când ajunge la două treimi din marginea bolului. Aduceți la fierbere, acoperiți și fierbeți aproximativ 1 oră până când rața este fragedă.

Rață prăjită cu miere

Pentru 4 persoane

1 rata

sare

3 catei de usturoi, macinati

3 ceai (cei), tocate

45 ml / 3 linguri sos de soia

45 ml / 3 linguri vin de orez sau sherry uscat

45 ml / 3 linguri miere

200 ml / 7 fl oz / puțină 1 cană apă clocotită

Uscați rața și frecați-o cu sare în interior și în exterior. Amestecați usturoiul, ceapa verde, sosul de soia și vinul sau sherry, apoi împărțiți amestecul în jumătate. Amesteca mierea in jumatate si freca-o pe rata si apoi lasa-o sa se usuce. Adăugați apă la amestecul de miere rămas. Se toarnă amestecul de sos de soia în cavitatea rației și se pune pe un grătar într-o tigaie cu puțină apă în fund. Prăjiți într-un cuptor preîncălzit la 180°C/350°F/gaz 4 timp de aproximativ 2 ore până când rața este fragedă, ungeți-o pe tot parcursul gătitului cu amestecul de miere rămas.

Rață friptă umedă

Pentru 4 persoane

6 ceai (cei), tocate
2 felii de rădăcină de ghimbir, tocate
1 rata
2,5 ml / ½ linguriță de anason măcinat
15 ml/1 lingura zahar
45 ml / 3 linguri vin de orez sau sherry uscat
60 ml / 4 linguri sos de soia
250 ml / 8 fl oz / 1 cană apă

Puneți jumătate din ceapa primăvară și ghimbirul într-o tigaie mare cu bază grea. Puneți restul în cavitatea rației și adăugați-l în tigaie. Adăugați toate ingredientele rămase, cu excepția sosului hoisin, aduceți la fierbere, acoperiți și fierbeți timp de aproximativ 1 1/2 oră, întorcându-le din când în când. Scoateți rata din tigaie și lăsați-o să se usuce aproximativ 4 ore.

Pune rața pe un grătar într-o tigaie umplută cu puțină apă rece. Se prăjește într-un cuptor preîncălzit la 230°C/450°F/gaz 8 timp de 15 minute, apoi se întoarce și se mai prăjește încă 10 minute până devine crocant. Între timp, reîncălziți lichidul rezervat și turnați peste rață pentru a servi.

Rață sotă cu ciuperci

Pentru 4 persoane

1 rata

75 ml / 5 linguri ulei de arahide (arahide).

45 ml / 3 linguri vin de orez sau sherry uscat

15 ml/1 lingura sos de soia

15 ml/1 lingura zahar

5 ml/1 lingurita sare

praf de piper

2 catei de usturoi, macinati

225g/8oz ciuperci, tăiate la jumătate

600 ml / 1 pct / 2½ căni supă de pui

15 ml / 1 lingură făină de porumb (amidon de porumb)

30 ml / 2 linguri apă

5 ml/1 lingurita ulei de susan

Tăiați rața în 5 cm/2 bucăți, încălziți 45 ml/3 linguri ulei și prăjiți rața până se rumenește ușor pe toate părțile. Adăugați vinul sau sherry, sosul de soia, zahărul, sare și piper și căliți timp de 4 minute. Scoateți din tigaie. Se încălzește uleiul rămas și se prăjește usturoiul până devine ușor auriu. Adăugați ciupercile și amestecați până când sunt acoperite cu ulei, apoi puneți amestecul de rață înapoi în tigaie și adăugați bulionul. Aduceți la fierbere, acoperiți și fierbeți aproximativ 1 oră până când rața este fragedă. Se amestecă făina de porumb și apa într-o pastă, apoi se amestecă în amestec și se fierbe la foc mic, amestecând, până se îngroașă sosul. Stropiți cu ulei de susan și serviți.

Rață cu două ciuperci

Pentru 4 persoane

6 ciuperci chinezești uscate

1 rata

750 ml / 1¼ puncte / 3 căni supă de pui

45 ml / 3 linguri vin de orez sau sherry uscat

5 ml/1 lingurita sare

100 g/4 oz muguri de bambus, tăiați în fâșii

100 g/4 oz ciuperci

Înmuiați ciupercile în apă caldă timp de 30 de minute și apoi scurgeți-le. Aruncați tulpinile și tăiați vârfurile în jumătate. Puneți rața într-un castron mare termorezistent cu bulionul, vinul sau sherry și sare și puneți-o într-o cratiță plină cu apă, astfel încât să ajungă la două treimi în sus pe marginile vasului. Aduceți la fierbere, acoperiți și fierbeți timp de aproximativ 2 ore până când rața este fragedă. Scoateți din tigaie și tăiați carnea de pe os. Transferați lichidul de gătit într-o tigaie separată. Asezati lastarii de bambus si ambele tipuri de ciuperci pe fundul vasului cu abur, puneti inapoi carnea de rata, acoperiti si fierbeti la abur inca 30 de minute. Aduceți lichidul de gătit la fierbere și turnați peste rață pentru a servi.

Rață înăbușită cu ceapă

Pentru 4 persoane

4 ciuperci chinezești uscate

1 rata

90 ml / 6 linguri sos de soia

60 ml / 4 linguri ulei de arahide

1 ceapă de primăvară (ceapă), tocată

1 felie radacina de ghimbir, tocata

45 ml / 3 linguri vin de orez sau sherry uscat

450 g/1 lb ceapă, feliată

100g/4oz muguri de bambus, feliați

15 ml/1 lingura zahar brun

15 ml / 1 lingură făină de porumb (amidon de porumb)

45 ml / 3 linguri de apă

Înmuiați ciupercile în apă caldă timp de 30 de minute și apoi scurgeți-le. Aruncați tulpinile și tăiați vârfurile. Frecați 15 ml/1 lingură sos de soia pe rața. Rezervați 15 ml / 1 lingură ulei, încălziți uleiul rămas și căliți ceapa primăvară și ghimbirul până devin ușor aurii. Se adaugă rața și se prăjește până se rumenește ușor pe toate părțile. Elimină grăsimea excesivă. Adăugați vinul sau sherry, sosul de soia rămas în tigaie și suficientă apă cât să acopere aproape rata. Aduceți la fierbere, acoperiți și fierbeți timp de 1 oră, întorcându-le din când în când.

Încinge uleiul rezervat și prăjește ceapa până se înmoaie. Se ia de pe foc și se adaugă lăstarii de bambus și ciupercile, apoi se adaugă la rață, se acoperă și se mai fierbe încă 30 de minute până când rața este fragedă. Scoateți rata din tigaie, tăiați-o bucăți și puneți-o pe o farfurie de servire caldă. Aduceți lichidele din oală la fiert, adăugați zahărul și amidonul de porumb și lăsați să fiarbă, amestecând, până când amestecul fierbe și se îngroașă. Se toarnă peste rață pentru a servi.

Rață cu Portocală

Pentru 4 persoane

1 rata
3 ceai (cei), tăiați în bucăți
2 felii de rădăcină de ghimbir, tăiate fâșii
1 felie de coajă de portocală
sare si piper proaspat macinat

Puneți rata într-o oală mare, acoperiți cu apă și aduceți la fierbere. Adăugați ceapa, ghimbirul și coaja de portocală, acoperiți și fierbeți timp de aproximativ 1 1/2 oră până când rața este fragedă. Se condimenteaza cu sare si piper, se scurge si se serveste.

Rață prăjită cu portocale

Pentru 4 persoane

1 rata

2 catei de usturoi, taiati in jumatate

45 ml / 3 linguri ulei de arahide (arahide).

1 ceapă

1 portocală

120 ml / 4 fl oz / ½ cană vin de orez sau sherry uscat

2 felii de rădăcină de ghimbir, tocate

5 ml/1 lingurita sare

Frecați usturoiul peste rață în interior și în exterior și apoi ungeți cu ulei. Înțepați ceapa decojită cu o furculiță, puneți-o împreună cu portocala nedecojită în interiorul cavității rației și sigilați cu o frigarui. Așezați rața pe un grătar peste o tavă umplută cu puțină apă fierbinte și coaceți-o într-un cuptor preîncălzit la 160°C/325°F/gaz mark 3 timp de aproximativ 2 ore. Aruncați lichidele și readuceți rața în tigaie. Se toarnă peste vin sau sherry și se stropește cu ghimbir și sare. Reveniți la cuptor pentru încă 30 de minute. Aruncați ceapa și portocala și tăiați rața în bucăți pentru a servi. Se toarnă sucul din tigaie peste rață pentru a servi.

Rață cu Pere și Castane

Pentru 4 persoane

225g/8oz castane, decojite

1 rata

45 ml / 3 linguri ulei de arahide (arahide).

250 ml / 8 fl oz / 1 cană bulion de pui

45 ml / 3 linguri sos de soia

15 ml / 1 lingura vin de orez sau sherry uscat

5 ml/1 lingurita sare

1 felie radacina de ghimbir, tocata

1 para mare, curatata de coaja si taiata felii groase

15 ml/1 lingura zahar

Se fierb castanele timp de 15 minute și se scurg. Rața se toacă în bucăți de 5 cm/2, se încălzește uleiul și se prăjește rața până se rumenește ușor pe toate părțile. Scurgeți orice exces de ulei și apoi adăugați bulionul, sosul de soia, vinul sau sherry, sare și ghimbirul. Aduceți la fierbere, acoperiți și fierbeți timp de 25 de minute, amestecând din când în când. Adăugați castanele, acoperiți și fierbeți încă 15 minute. Se presară pera cu zahăr, se adaugă în tigaie și se fierbe timp de aproximativ 5 minute până se încălzește.

Rață la Peking

Pentru 6

1 rata

250 ml / 8 fl oz / 1 cană apă

120 ml / 4 fl oz / ½ cană miere

120 ml / 4 fl oz / ½ cană ulei de susan

Pentru clătite:

250 ml / 8 fl oz / 1 cană apă

225 g / 8 oz / 2 căni de făină simplă (universal)

ulei de arahide pentru prajit

Pentru sosuri:

120 ml / 4 fl oz / ½ cană sos hoisin

30 ml / 2 linguri zahăr brun

30 ml / 2 linguri sos de soia

5 ml/1 lingurita ulei de susan

6 ceai (cei), tăiați pe lungime

1 castravete tăiat fâșii

Rața trebuie să fie întreagă, cu pielea intactă. Legați strâns gâtul cu sfoară și coaseți sau atașați deschiderea de jos. Tăiați o mică fante în partea laterală a gâtului, introduceți un pai și suflați aer sub piele până când se umflă. Suspendați rata peste un lighean și lăsați-o să se odihnească timp de 1 oră.

Aduceți o cratiță cu apă la fiert, adăugați rața și fierbeți 1 minut, apoi îndepărtați și uscați bine. Aduceți apa la fiert și adăugați mierea. Frecați amestecul în pielea de rață până când este saturată. Atârnă rața peste un recipient într-un loc răcoros și aerisit timp de aproximativ 8 ore până când pielea devine tare.

Suspendați rața sau puneți-o pe un grătar peste o tigaie și prăjiți-l într-un cuptor preîncălzit la 180°C/350°F/marcă de gaz 4 timp de aproximativ 1 oră și jumătate, ungeți regulat cu ulei de susan.

Pentru a face clătitele, aduceți apa la fiert și apoi adăugați treptat făina. Se framanta usor pana aluatul este moale, se acopera cu o carpa umeda si se lasa sa se odihneasca 15 minute. Se intinde pe o suprafata infainata si se modeleaza un cilindru lung. Tăiați în felii de 2,5 cm/1 inch, apoi aplatizați la aproximativ 5 mm/¼ grosime și ungeți partea de sus cu ulei. Stivuiți în perechi cu suprafețele unse cu ulei atingând și pudrați ușor exteriorul cu făină. Întindeți perechile la aproximativ 10 cm/4in lățime și gătiți în perechi timp de aproximativ 1 minut pe fiecare parte până se rumenesc ușor. Separați și stivuiți până când sunt gata de servire.

Pregătiți sosurile amestecând jumătate din sosul hoisin cu zahărul și amestecând restul sosului hoisin cu sosul de soia și uleiul de susan.

Scoateți rata din cuptor, tăiați pielea și tăiați-o pătrate, iar carnea tăiați cubulețe. Aranjați pe farfurii separate și serviți cu clătite, sosuri și acompaniamente.

Rață înăbușită cu ananas

Pentru 4 persoane

1 rata

400 g/14 oz bucăți de ananas conservate în sirop

45 ml / 3 linguri sos de soia

5 ml/1 lingurita sare

praf de piper proaspat macinat

Puneți rata într-o tigaie cu bază groasă, acoperiți doar cu apă, aduceți la fierbere, apoi acoperiți și fierbeți timp de 1 oră. Scurgeți siropul de ananas în tigaia cu sosul de soia, sare și piper, acoperiți și fierbeți la foc mic încă 30 de minute. Adăugați bucățile de ananas și fierbeți încă 15 minute până când rața este fragedă.

Rață sotă cu ananas

Pentru 4 persoane

1 rata
45 ml / 3 linguri faina de porumb (amidon de porumb)
45 ml / 3 linguri sos de soia
225g/8oz conserva de ananas în sirop
45 ml / 3 linguri ulei de arahide (arahide).
2 felii de rădăcină de ghimbir, tăiate fâșii
15 ml / 1 lingura vin de orez sau sherry uscat
5 ml/1 lingurita sare

Tăiați carnea de pe os și tăiați-o în bucăți. Se amestecă sosul de soia cu 30 ml/2 linguri de făină de porumb și se amestecă cu rața până se îmbracă bine. Lasă să stea 1 oră, amestecând din când în când. Zdrobiți ananasul și siropul și încălziți ușor într-o tigaie. Se amestecă făina de porumb rămasă cu puțină apă, se amestecă în tigaie și se fierbe la foc mic, amestecând, până se îngroașă sosul. Stați cald. Se încălzește uleiul și se prăjește ghimbirul până devine ușor auriu, apoi se aruncă ghimbirul. Se adaugă rața și se prăjește până se rumenește ușor pe toate părțile. Adăugați vinul sau sherry și sare și prăjiți încă câteva minute până când rața este fiartă. Așezați rata pe o farfurie de servire încălzită, turnați peste sos și serviți imediat.

Ananas și rață ghimbir

Pentru 4 persoane

1 rata
100 g/4 oz ghimbir conservat în sirop
200 g/7 oz bucăți de ananas conservate în sirop
5 ml/1 lingurita sare
15 ml / 1 lingură făină de porumb (amidon de porumb)
30 ml / 2 linguri apă

Puneți rata într-un vas termorezistent și coborâți-o într-o tigaie plină cu apă până când ajunge la două treimi din marginea bolului. Aduceți la fierbere, acoperiți și fierbeți timp de aproximativ 2 ore până când rața este fragedă. Scoateți rata și lăsați-o să se răcească puțin. Scoateți pielea și osul și tăiați rața în bucăți. Se aranjează pe un platou de servire și se păstrează la cald.

Scurge siropul de ghimbir si ananas intr-o tigaie, adauga sarea, faina de porumb si apa. Se aduce la fierbere, amestecând, și se fierbe câteva minute, amestecând, până când sosul se limpezește și se îngroașă. Adăugați ghimbirul și ananasul, amestecați și turnați peste rață pentru a servi.

Rață cu ananas și litchi

Pentru 4 persoane

4 piept de rata

15 ml/1 lingura sos de soia

1 cățel de anason stelat

1 felie de rădăcină de ghimbir

ulei de arahide pentru prajit

90 ml / 6 linguri otet de vin

100 g / 4 oz / ½ cană zahăr brun

250 ml / 8 fl oz / ½ cană bulion de pui

15 ml / 1 lingura sos de rosii (ketchup)

200 g/7 oz bucăți de ananas conservate în sirop

15 ml / 1 lingură făină de porumb (amidon de porumb)

6 conserve de litchi

6 cirese maraschino

Intr-o cratita se pun ratele, sosul de soia, anasonul si ghimbirul si se acopera cu apa rece. Se aduce la fierbere, se degresează grăsimea, apoi se acoperă și se fierbe timp de aproximativ 45 de minute până când rața este fiartă. Scurgeți și uscați. Se prăjește în ulei încins până devine crocant.

Între timp, amestecați într-o cratiță oțetul de vin, zahărul, bulionul, sosul de roșii și 30 ml/2 linguri sirop de ananas, aduceți la fiert şi fierbeţi timp de aproximativ 5 minute până se îngroaşă. Adăugaţi fructele şi încălziţi înainte de a turna peste raţă pentru a servi.

Raţă cu Porc şi Castane

Pentru 4 persoane

6 ciuperci chinezeşti uscate
1 rata
225g/8oz castane, decojite
225g/8oz carne de porc slabă, tăiată cubuleţe
3 ceai (cei), tocate
1 felie radacina de ghimbir, tocata
250 ml / 8 fl oz / 1 cană sos de soia
900 ml / 1½ puncte / 3¾ cani de apă

Înmuiaţi ciupercile în apă caldă timp de 30 de minute şi apoi scurgeţi-le. Aruncaţi tulpinile şi tăiaţi vârfurile. Se pune într-o tigaie mare cu toate ingredientele rămase, se aduce la fierbere, se acoperă şi se fierbe la foc mic aproximativ 1 oră şi jumătate până când raţa este fiartă.

Rață cu cartofi

Pentru 4 persoane

75 ml / 5 linguri ulei de arahide (arahide).

1 rata

3 catei de usturoi, macinati

30 ml / 2 linguri sos de fasole neagra

10 ml / 2 lingurițe sare

1,2 l / 2 puncte / 5 căni de apă

2 praz, feliat gros

15 ml/1 lingura zahar

45 ml / 3 linguri sos de soia

60 ml / 4 linguri vin de orez sau sherry uscat

1 cățel de anason stelat

900 g/2 lb cartofi, feliați gros

½ cap de frunze chinezești

15 ml / 1 lingură făină de porumb (amidon de porumb)

30 ml / 2 linguri apă

crengute de pătrunjel cu frunze plate

Se încălzește 60 ml/4 linguri de ulei și se prăjește rața până se rumenește pe toate părțile. Legați sau coaseți capătul gâtului și puneți rața, cu gâtul în jos, într-un castron adânc. Se încălzește uleiul rămas și se prăjește usturoiul până devine ușor auriu.

Adăugați sosul de fasole neagră și sare și puneți la sot timp de 1 minut. Adăugați apa, prazul, zahărul, sosul de soia, vinul sau sherry și anasonul stelat și aduceți la fiert. Turnați 120 ml / 8 fl oz / 1 cană de amestec în cavitatea raței și legați sau coaseți pentru a se fixa. Aduceți restul amestecului în tigaie la fierbere. Se adaugă rața și cartofii, se acoperă și se fierbe timp de 40 de minute, întorcând rața o dată. Pune frunzele chinezești pe o farfurie de servire. Scoateți rața din tigaie, Tăiați în bucăți de 5cm/2cm și puneți pe farfuria de servire împreună cu cartofii. Se amestecă făina de porumb cu apa până la o pastă, se amestecă în tigaie și se fierbe la foc mic, amestecând, până se îngroașă sosul.

Rață gătită roșie

Pentru 4 persoane

1 rata
4 ceai (cei), tăiați în bucăți
2 felii de rădăcină de ghimbir, tăiate fâșii
90 ml / 6 linguri sos de soia
45 ml / 3 linguri vin de orez sau sherry uscat
10 ml / 2 lingurițe sare
10 ml / 2 lingurițe de zahăr

Puneți rata într-o tigaie grea, acoperiți-o cu apă și aduceți-o la fiert. Adăugați ceapa, ghimbirul, vinul sau sherry și sare, acoperiți și fierbeți timp de aproximativ 1 oră. Adăugați zahărul și fierbeți încă 45 de minute până când rața este fragedă. Tăiați rața pe un platou de servire și serviți caldă sau rece, cu sau fără sos.

Rață prăjită cu vin de orez

Pentru 4 persoane

1 rata

500 ml / 14 fl oz / 1¾ cani de vin de orez sau sherry uscat

5 ml/1 lingurita sare

45 ml / 3 linguri sos de soia

Pune rața într-o tigaie cu bază groasă cu sherry și sare, se aduce la fierbere, se acoperă și se fierbe timp de 20 de minute. Scurgeți rata, rezervând lichidul, și frecați-o cu sos de soia. Puneți pe un grătar într-o tavă umplută cu puțină apă fierbinte și prăjiți în cuptorul preîncălzit la 180°C/350°F/gaz marca 4 timp de aproximativ 1 oră, ungeți regulat cu lichidul de vin rezervat.

Rață la abur cu vin de orez

Pentru 4 persoane

1 rata
4 ceai (opați), tăiați în jumătate
1 felie radacina de ghimbir, tocata
250 ml / 8 fl oz / 1 cană vin de orez sau sherry uscat
30 ml / 2 linguri sos de soia
vârf de cuțit de sare

Se fierbe rața în apă clocotită timp de 5 minute și se scurge. Puneți într-un bol termorezistent cu ingredientele rămase. Pune vasul într-o cratiță plină cu apă până când ajunge la două treimi din marginea bolului. Aduceți la fierbere, acoperiți și fierbeți timp de aproximativ 2 ore până când rața este fragedă. Aruncați ceapa și ghimbirul înainte de servire.

Rață sărată

Pentru 4 persoane

45 ml / 3 linguri ulei de arahide (arahide).

4 piept de rata

3 ceai (cei), feliați

2 catei de usturoi, macinati

1 felie radacina de ghimbir, tocata

250 ml / 8 fl oz / 1 cană sos de soia

30 ml / 2 linguri vin de orez sau sherry uscat

30 ml / 2 linguri zahăr brun

5 ml/1 lingurita sare

450 ml / ¾ pt / 2 căni de apă

15 ml / 1 lingură făină de porumb (amidon de porumb)

Se incinge uleiul si se prajesc pieptul de rata pana se rumenesc. Adaugati ceapa, usturoiul si ghimbirul si caliti 2 minute. Adăugați sosul de soia, vinul sau sherry, zahărul și sarea și amestecați bine. Adăugați apa, aduceți la fiert, acoperiți și fierbeți aproximativ 1 oră și jumătate până când carnea este foarte fragedă. Se amestecă făina de porumb cu puțină apă, apoi se amestecă în tigaie și se fierbe la foc mic, amestecând, până se îngroașă sosul.

Rață sărată cu fasole verde

Pentru 4 persoane

45 ml / 3 linguri ulei de arahide (arahide).

4 piept de rata

3 ceai (cei), feliați

2 catei de usturoi, macinati

1 felie radacina de ghimbir, tocata

250 ml / 8 fl oz / 1 cană sos de soia

30 ml / 2 linguri vin de orez sau sherry uscat

30 ml / 2 linguri zahăr brun

5 ml/1 lingurita sare

450 ml / ¾ pt / 2 căni de apă

225 g/8 oz fasole verde

15 ml / 1 lingură făină de porumb (amidon de porumb)

Se incinge uleiul si se prajesc pieptul de rata pana se rumenesc. Adaugati ceapa, usturoiul si ghimbirul si caliti 2 minute. Adăugați sosul de soia, vinul sau sherry, zahărul și sarea și amestecați bine. Adăugați apa, aduceți la fiert, acoperiți și fierbeți timp de aproximativ 45 de minute. Adăugați fasolea, acoperiți și fierbeți încă 20 de minute. Se amestecă făina de porumb cu puțină apă, apoi se amestecă în tigaie și se fierbe la foc mic, amestecând, până se îngroașă sosul.

Rață fiartă lent

Pentru 4 persoane

1 rata

50 g / 2 oz / ½ cană făină de porumb (amidon de porumb)

ulei pentru prajit

2 catei de usturoi, macinati

30 ml / 2 linguri vin de orez sau sherry uscat

30 ml / 2 linguri sos de soia

5 ml / 1 linguriță rădăcină de ghimbir rasă

750 ml / 1¼ puncte / 3 căni supă de pui

4 ciuperci chinezești uscate

225g/8oz muguri de bambus, feliați

225g/8oz castane de apă, feliate

10 ml / 2 lingurițe de zahăr

praf de piper

5 ceai (cei), feliați

Tăiați rața în bucăți mici. Rezervați 30 ml/2 linguri de făină de porumb și ungeți rața cu făina de porumb rămasă. Îndepărtați excesul de praf. Încinge uleiul și prăjește usturoiul și rața până devin ușor aurii. Scoatem din tava si scurgem pe hartie de bucatarie. Pune rața într-o tigaie mare. Amestecați vinul sau sherry, 15 ml/1 lingură sos de soia și ghimbirul. Se adaugă în tigaie și se fierbe la foc mare timp de 2 minute. Adăugați jumătate din bulion, aduceți la fiert, acoperiți și fierbeți timp de aproximativ 1 oră până când rața este fragedă.

Între timp, înmuiați ciupercile în apă caldă timp de 30 de minute și apoi scurgeți-le. Aruncați tulpinile și tăiați vârfurile. Adăugați ciupercile, lăstarii de bambus și castanele de apă la rață și gătiți, amestecând frecvent, timp de 5 minute. Îndepărtați grăsimea din lichid. Amestecați bulionul rămas, făina de porumb și sosul de soia cu zahărul și piperul și amestecați în tigaie. Aduceți la fierbere, amestecând, apoi fierbeți aproximativ 5 minute până când sosul se îngroașă. Transferați într-un bol de servire cald și serviți ornat cu ceai.

Rață sote

Pentru 4 persoane

1 albus de ou, batut usor

20 ml / 1½ linguri faina de porumb (amidon de porumb)

sare

450g/1lb piept de rata, feliat subtire

45 ml / 3 linguri ulei de arahide (arahide).

2 ceai (cei), tăiați în fâșii

1 ardei verde taiat fasii

5 ml / 1 linguriță vin de orez sau sherry uscat

75 ml / 5 linguri supă de pui

2,5 ml / ½ linguriță zahăr

Bate albusul spuma cu 15 ml/1 lingura de faina de porumb si un praf de sare. Adăugați rața feliată și amestecați până când rața este acoperită. Încinge uleiul și prăjește rața până când este bine fiartă și aurie. Scoateți rața din tigaie și scurgeți tot, cu excepția 30 ml/2 linguri de ulei. Se adaugă arpagicul și ardeiul și se călesc timp de 3 minute. Adăugați vinul sau sherry, bulionul și zahărul și aduceți la fierbere. Se amestecă făina de porumb rămasă cu puțină apă, se amestecă în sos și se fierbe la foc mic, amestecând, până se îngroașă sosul. Adăugați rața, încălziți și serviți.

Rață cu cartofi dulci

Pentru 4 persoane

1 rata

250 ml / 8 fl oz / 1 cană ulei de arahide (arahide).

225 g/8 oz cartofi dulci, curățați și tăiați cuburi

2 catei de usturoi, macinati

1 felie radacina de ghimbir, tocata

2,5 ml / ½ linguriță scorțișoară

2,5 ml / ½ linguriță cuișoare măcinate

un praf de anason macinat

5 ml/1 lingurita zahar

15 ml/1 lingura sos de soia

250 ml / 8 fl oz / 1 cană bulion de pui

15 ml / 1 lingură făină de porumb (amidon de porumb)

30 ml / 2 linguri apă

Rața se toacă în bucăți de 5 cm/2, se încălzește uleiul și se prăjesc cartofii până se rumenesc. Scoateți din tigaie și scurgeți tot, în afară de 30 ml/2 linguri de ulei. Se adaugă usturoiul și ghimbirul și se călesc timp de 30 de secunde. Se adaugă rața și se prăjește până se rumenește ușor pe toate părțile. Adăugați condimentele, zahărul, sosul de soia și bulionul și aduceți la fiert. Adăugați cartofii, acoperiți și fierbeți timp de aproximativ 20 de minute până când rața este fragedă. Se amestecă făina de porumb într-o pastă cu apa, apoi se amestecă în tigaie și se fierbe la foc mic, amestecând, până se îngroașă sosul.

rață dulce-acrișoară

Pentru 4 persoane

1 rata

1,2 l / 2 puncte / 5 căni supă de pui

2 cepe

2 morcovi

2 catei de usturoi, taiati felii

15 ml / 1 lingură condimente pentru murături

10 ml / 2 lingurițe sare

10 ml / 2 lingurițe ulei de arahide

6 ceai (cei), tocate

1 mango, curatat de coaja si taiat cubulete

12 lychees, tăiate în jumătate

15 ml / 1 lingură făină de porumb (amidon de porumb)

15 ml/1 lingura otet de vin

10 ml / 2 lingurițe piure de roșii (pastă)

15 ml/1 lingura sos de soia

5 ml/1 linguriță pudră de cinci condimente

300 ml / ½ pt / 1 ¼ cani supa de pui

Pune rata într-un coș de aburi peste o tigaie care conține bulion, ceapă, morcov, usturoi, murături și sare. Acoperiți și gătiți la abur timp de 2 ore și jumătate. Rata se raceste, se acopera si se lasa sa se raceasca 6 ore. Scoateți carnea de pe oase și tăiați-o în cuburi. Se încălzește uleiul și se prăjește rața și ceapa primăvară până devin crocante. Adăugați restul ingredientelor, aduceți la fiert și fierbeți timp de 2 minute, amestecând, până se îngroașă sosul.

rață mandarină

Pentru 4 persoane

1 rata

60 ml / 4 linguri ulei de arahide

1 bucată de coajă de mandarină uscată

900 ml / 1½ pct / 3¾ cani supa de pui

5 ml/1 lingurita sare

Atârnă rața la uscat timp de 2 ore. Se încălzește jumătate din ulei și se prăjește rata până devine ușor aurie. Transferați într-un castron mare rezistent la căldură. Se încălzește uleiul rămas și se prăjește coaja de mandarine timp de 2 minute și apoi se pune în interiorul rației. Se toarnă bulionul peste rață și se condimentează cu sare. Așezați vasul pe un gratar într-un cuptor cu abur, acoperiți și gătiți la abur aproximativ 2 ore până când rața este fragedă.

Rață cu Legume

Pentru 4 persoane

1 rață mare, tăiată în 16 bucăți

sare

300 ml / ½ pt / 1¼ cană apă

300 ml / ½ pt / 1¼ cani de vin alb sec

120 ml / 4 fl oz / ½ cană oțet de vin

45 ml / 3 linguri sos de soia

30 ml / 2 linguri sos de prune

30 ml / 2 linguri sos hoisin

5 ml/1 linguriță pudră de cinci condimente

6 ceai (cei), tocate

2 morcovi tocati

5 cm / 2 ridichi alba tocata

50g/2oz bok choy, tăiat cubulețe

piper proaspăt măcinat

5 ml/1 lingurita zahar

Puneți bucățile de rață într-un bol, stropiți cu sare și adăugați apa și vinul. Adăugați oțetul de vin, sosul de soia, sosul de prune, sosul hoisin și pudra cu cinci condimente, aduceți la fierbere, acoperiți și fierbeți timp de aproximativ 1 oră. Adăugați legumele în tigaie, scoateți capacul și fierbeți încă 10 minute. Se condimenteaza cu sare, piper si zahar si se lasa sa se raceasca. Acoperiți și lăsați la frigider peste noapte. Îndepărtați grăsimea și apoi reîncălziți rața în sos timp de 20 de minute.

Rață sotă cu legume

Pentru 4 persoane

4 ciuperci chinezești uscate

1 rata

10 ml / 2 lingurițe de făină de porumb (amidon de porumb)

15 ml/1 lingura sos de soia

45 ml / 3 linguri ulei de arahide (arahide).

100 g/4 oz muguri de bambus, tăiați în fâșii

50g/2oz castane de apă, tăiate fâșii

120 ml / 4 fl oz / ½ cană bulion de pui

15 ml / 1 lingura vin de orez sau sherry uscat

5 ml/1 lingurita sare

Înmuiați ciupercile în apă caldă timp de 30 de minute și apoi scurgeți-le. Aruncați tulpinile și tăiați vârfurile. Scoateți carnea de pe oase și tăiați-o în bucăți. Se amestecă făina de porumb și sosul de soia, se adaugă la carnea de rață și se lasă să se odihnească 1 oră. Încinge uleiul și prăjește rața până se rumenește ușor pe toate părțile. Scoateți din tigaie. Adăugați în tigaie ciupercile, lăstarii de bambus și castanele de apă și prăjiți timp de 3 minute. Adăugați bulionul, vinul sau sherry și sare, aduceți la fiert și fierbeți timp de 3 minute. Se pune rața în tigaie, se acoperă și se mai fierbe încă 10 minute până când rața este fragedă.

Rață albă gătită

Pentru 4 persoane

1 felie radacina de ghimbir, tocata
250 ml / 8 fl oz / 1 cană vin de orez sau sherry uscat
sare si piper proaspat macinat
1 rata
3 ceai (cei), tocate
5 ml/1 lingurita sare
100g/4oz muguri de bambus, feliați
100g/4oz șuncă afumată, feliată

Amestecați ghimbirul, 15 ml/1 lingură de vin sau sherry, puțină sare și piper. Se freca pe rață și se lasă să stea timp de 1 oră. Puneți pasărea într-o tigaie cu bază groasă cu marinada și adăugați ceapa primăvară și sare. Adăugați suficientă apă rece doar pentru a acoperi rața, aduceți la fierbere, acoperiți și fierbeți timp de aproximativ 2 ore până când rața este fragedă. Adăugați lăstarii de bambus și șunca și fierbeți încă 10 minute.

Rață cu vin

Pentru 4 persoane

1 rata
15 ml/1 lingură sos de fasole galbenă
1 ceapa taiata felii
1 sticla de vin alb sec

Ungeți rața în interior și în exterior cu sosul de fasole galbenă. Pune ceapa în interiorul cavității. Se aduce vinul la fiert într-o cratiță mare, se adaugă rața, se readuce la fierbere, se acoperă și se fierbe timp de aproximativ 3 ore până când rața este fragedă. Scurgeți și tăiați felii pentru a servi.

www.ingramcontent.com/pod-product-compliance
Lightning Source LLC
Chambersburg PA
CBHW050344120526
44590CB00015B/1553